康德哲学通识讲义

头上的星空和心中的道德法则

【韩】金上焕◎著

张恬◎译

中国出版集团　现代出版社

今日的无数伟大思想和思潮
都扎根于康德发现的大地之上。

——金上焕

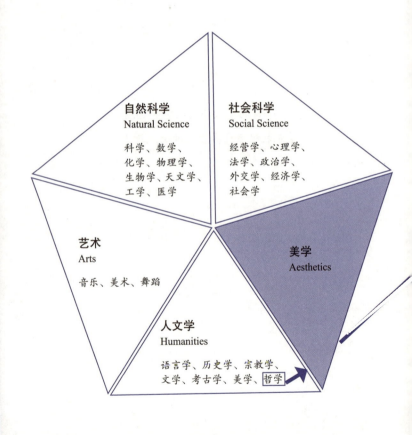

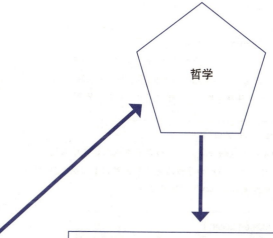

哲学

何谓哲学?

　　哲学（Philosophy）是对人与世界的根本问题进行理性探求的学问。哲学通过对我们日常生活中被普遍认为是理所当然的全部事物及各分科中所使用的基本概念和原理进行批判性探讨，从而达到对我们的生活与学问的基础进行反思的目的。这就是哲学被称为"根本学"的原因。各学问之间存在着什么关系？通过这种关系表现出来的整个世界又是什么样子的？哲学就是试图对这两个问题进行全面理解的学问。

虔敬主义（pietism）

十七世纪末德国宗教改革运动的总称，主张回归路德的宗教理念，以使早期基督教的虔诚信仰在现代复活。

德国观念论（German Idealism）

一种将精神、理性、理念视为本质的东西，并以此对物质现象进行阐释的思想。产生于十八世纪末至十九世纪中叶的德国，始于康德，后又被费希特、谢林等继承，最终在黑格尔时期发展至顶峰。

现象学（phenomenology）

以胡塞尔为中心，包括舍勒、海德格尔等在内的现象学派提出的思想。认为可以脱离思辨的过程而充分掌握意识中出现的现象，同时也可以依靠直观来把握、描述其本质。

存在主义（existentialism）

十九世纪中叶克尔凯郭尔提出的思想，主要盛行于德国和法国。主张关注作为主体存在的人并探索个人的存在意义，将其物化于自己的生活中，从而改变生活方式。

怀疑论（scepticism）

认为人的意识是主观的、相对的，怀疑真理的绝对性，主张不对事物进行终极判断。

唯理论（rationalism）

一种排斥非合理的、偶然的东西，重视理性的、逻辑性的、必然的东西的认识论，认为通过理性可以对真理进行判断。代表学者有笛卡尔、斯宾诺莎、莱布尼茨，反对知识来源于感官经验的经验论。

实证主义（positivism）

排斥超越的、形而上学的思辨，强调观察、实验等科学性探索，产生于十九世纪下半叶的西欧，是二十世纪英美哲学的基础。

普遍数学（mathesis universalis）

一种源于毕达哥拉斯和柏拉图的思想传统，认为世界建立在上帝的完整数学设计之上，将一切存在者的关系性规定都看作是"数性"的东西。后来笛卡尔和莱布尼茨将其发展为一门建立在所有数学之上的基础学问。

辩证法（dialectic）

与将同一律作为基本原理的形式逻辑不同，辩证法是一种以矛盾或对立为基本原理，并对事物的运动进行阐释的逻辑方法。它认为事物的发展过程分为正、反、合三个阶段。

解构主义（deconstruction）

一种批判自柏拉图以来的西方形而上学并对其进行解构的思想，试图发现隐藏在西方文化的根基及整个西方思想史中的矛盾，致力于颠覆并克服其局限性。

自然神学（natural theology）

西方研究上帝的存在及其真理的学说。认为并非从超自然的启示或奇迹中，而是从人的理性能力能够认识的自然界中寻找证据。

目　录

序言　哲学史为什么分为康德以前和康德以后？ 001

第一章　康德的认知革命——心灵模型的革新《纯粹理
性批判》

从以对象为中心的哲学，到以主体为中心的

哲学　　　　　　　　　　　　　　003

解剖人类心灵　　　　　　　　　　　018

如何区分认识和思维　　　　　　　　039

哲学新大陆，超越论领域的发现　　　058

问与答　　　　　　　　　　　　　　072

第二章　康德的伦理革命——从德性伦理到义务伦理
《实践理性批判》

近代伦理学的开启　　　　　　　　　079

自由，神圣不可侵犯的人格尊严　　　　088

道德判断是如何实现的　　　　　　　　102

至善与伦理学的要求　　　　　　　　　123

问与答　　　　　　　　　　　　　　　133

第三章　康德的美学革命——近代美学的奠基《判断力
　　　　　批判（上）》

近代美学的起点　　　　　　　　　　　139

什么是艺术家　　　　　　　　　　　　153

趣味判断的四种面孔　　　　　　　　　170

美、崇高及自由　　　　　　　　　　　197

问与答　　　　　　　　　　　　　　　212

第四章　康德的生态革命——从机械论到有机论《判断
　　　　　力批判（下）》

自然界是如何被认识的　　　　　　　　217

关于有机体的争论　　　　　　　　　　229

美的自然与有生命的自然　　　　　　　243

目的论判断的契机   257

问与答   277

结语　教授思考之法的伟大先师   285

参考文献   289

哲学史为什么分为康德以前和康德以后？

颠覆人类精神史的康德"三大批判"

要论西方哲学史上最伟大的哲学家，那就不得不提及康德。在我看来，康德与柏拉图、亚里士多德、笛卡尔、海德格尔可以称得上是西方哲学史上的五大天王，而若必须要在这五大天王中评选一位最伟大的哲学家的话，那我认为康德与柏拉图争顶的概率会比较大。可以说，康德在西方哲学史上具有举足轻重的地位。

后文中我会对康德思想的基础进行介绍，不过与之相比，本书的内容将更多地聚焦于康德为西方哲学史带来的革命性变化上。西方哲学史因康德发生了怎样的变化？康德以前的哲学与康德以后的哲学形成了怎样的对照？这是本书将重点讨论的两个问题，同时也是对西方哲学史上康德所开创的近代性这个门槛本身提出的重要问题。

康德哲学整体以"三大批判"著作为主干。其中，第一批判为《纯粹理性批判》（1781），这一著作剖析了理论理性并阐明了认识的问题。第二批判为《实践理性批判》（1788），该著作剖析了实践理性并阐明了伦理的问题。第三批判为《判断力批判》（1790），这一著作探讨了"反思性判断力"所要求的两个领域，即审美体验的世界和生命体的世界。

通过"三大批判"著作，康德掀起了一场多领域的哲学革命，分别引发了认识论、伦理学、美学、自然观方面的重大变化，而这些变化通常被比作天文学上哥白尼所带来的变化。哥白尼打破了前人对于太阳以地球为中心并围绕地球旋转的认识，提出地球以太阳为中心并围绕太阳旋转的观点，从而引发了科学史上的巨大革新。

与这种革新相类似的哲学史上的革新是如何分别通过康德的"三大批判"著作实现的？这是我们将在后文中详细探讨的问题。不过若是先说结论的话，那么大体可以整理如下：

首先，在《纯粹理性批判》中，康德颠覆了主体与对象的关系。康德以前的哲学认为，对象是认识的出发点，主体是对对象进行被动反映的镜子。然而康德却认为，认识是主体对对象的能动反映，认识的中心是主体而非对象。

康德在认识的内部找到了认识的发生条件，并通过建立新的心灵模型，构建了符合近代科学的认识论。而更令人惊讶的是，他建立的这个模型与当今人工智能所建立的认知模型极其相似。

其次，康德在《实践理性批判》中将德性伦理颠覆为义务伦理。德性伦理的中心是"善"的概念，在"善"的周围道德法则围绕其旋转。而与之相反，在义务伦理中，道德法则是中心，"善"围绕着道德法则旋转。

此外，德性伦理由"我应该如何活着"这一问题所主导，而义务伦理则将"我应该做什么"这个问题视为根本。德性伦理和义务伦理分别代表着古代伦理和近代伦理，德性伦理无限接近于宗教，而义务伦理则更类似于法律推理。

《判断力批判》由上、下两部分组成，上半部分是对趣味判断的分析。所谓趣味判断[①]，是指对美进行鉴赏的一种判断，用最近的话来说就是审美判断的一种。这个世界上很少有像审美取向这样主观且因人而异的东西，康德却证明了趣味判断所具有的普遍且必然的有效性，从而为近代艺术奠定了基础。

《判断力批判》下半部分则对有机体所要求的目的论判断进行了分析。由伽利略、笛卡尔、牛顿确立的近代科学认为自然现象都遵循机械论法则。然

———————————

① 亦译作"鉴赏判断"。——译者注

而，从某一时期开始，自然界不再被看作是机械，而开始被看作是有生命的有机体。在机械论自然观依然占据主流的时代，康德为有机自然观的可能性奠定了基础，从而为之后的浪漫主义自然观开辟了道路。

这里所说的"奠基"指的是针对某一事实论证其对普遍性进行主张的权利。从宏观角度来看，康德的批判哲学（criticalphilosophy）就相当于这种对权利进行证明的奠基工作。康德学意义上的"批判"即奠基，而所谓奠基就是针对特定事实对其主张普遍有效性的范围作出设定，类似于划定领土。

假设父母为准备结婚的子女买房，这种行为就可以看作是奠基，因为这是在为保障将来的正常生活而提供基本的物质基础；而如果是婚姻当事人自己买房，那就属于自我奠基。因此，所谓奠基就相当于保障其所在领域的固有领土。

康德通过"三大批判"为近代科学、近代伦理学、近代艺术奠定了基础，同时也为之后出现的有机自然观奠定了基础。

康德，哲学史上的哥伦布

本书想重点强调的是，这种奠基工作引发了诸多方面的"哥白尼革命"。康德批判哲学所引发的西方哲学史上的革命性变化是什么？这是本书将重点讨论的基本问题。而之所以提出这一问题，并不是为了加入过去无休止的哲学争论。

重新探讨康德分别为理论哲学、实践哲学、艺术哲学、自然观带来的颠覆性变革，是为了明确康德在当下的意义。康德对当下的我们有何启示？这些启示可以如何应用到不久的将来？共同对这些问题进行思考，这才是本书的目的所在。

在众多有关康德在西方哲学史上的重要地位和他所引发的伟大变革的评价中，最具代表性的就是"蓄水池"的比喻。

康德哲学如同一个蓄水池，一切之前的水都向它注入，一切之后的水都从它流出。①

我个人是很想在康德的名字前面加上"参考答案"这个定语的，因为康德几乎对所有西方哲学所探讨的问题都提出了自己的独特观点。

当然对于当下的我们而言，包括康德哲学在内，过去的任何哲学都不能成为"参考答案"。因为所谓"参考答案"必须要符合当时的情况或环境，因此它必然会因为时代与地域的差异而有所不同，即便是康德也不例外。不过对于那些勇于与自己所处时代里的哲学问题进行对抗的人来说，给出了最恰当的解答的康德无疑是他们可以参考和学习的榜样。

除此之外，我们也可以称康德为"哲学上的哥白尼"或"哲学上的哥伦布"。在引发了哲学史上的巨大颠覆性变革这一意义上，康德可以媲美于哥白尼；而在发现了不为之前的哲学家所知晓的未知领土——"哲

---

① 语出日本哲学家安倍能成。

学新大陆"这一意义上，康德又足以被视为哲学上的哥伦布。

可以说，自康德以后到现在为止，哲学史上出现的许多思想和有意义的哲学思潮大部分都是在康德发现的这片大陆之上发展起来的，用康德的观点来说，就是在"超越论的（transcendental）"领域之上发展起来的。

超越论领域的发现与之后弗洛伊德的"无意识"的发现共同组成了西方"我思（ego cogito）"哲学的双璧。现代思想史的一个重要课题就是超越论领域与无意识领域的结合。精神分析学上拉康的无意识理论，还有哲学上德勒兹的超越论的经验论就是这种结合的典型例子。

事实上，我虽不是专门研究康德的专家，但一直坚持阅读康德哲学、讲授康德哲学的原因正在于此。如果缺少对康德及其之后的德国观念论的深刻理解，便无法触及现代法国哲学的中心。现代法国哲学一方面积极吸收了结构主义时代的人文科学（语言学、人类学、精神分析学、文学批评），另一方面又对十九世纪的德国哲学进行了创造性借鉴，从而掀开了西方哲学史的新篇章。拉康、福柯、德里达、德勒兹、利奥塔等都是对康德进行现代性继承的最闪耀的哲学家。

早在讲授哲学入门一课时，我就已切实感受到康德哲学所具有的惊人威力。在我以康德的"三大批判"著作为中心进行授课时，学生们的反应异常热烈。为何如此呢？首先我认为是因为围绕"三大批判"进行授课，可以均衡地贯通并介绍理论哲学、实践哲学和艺术哲学三个方面的知识。当然这并非全部原因。除此之外，康德还拥有着无可比拟的地位，他不仅是确立哲学之近代同一性的哲学者，同时也是通过对人的思考进行多层次分析从而告诉近代人什么是思考的伟大先师，我想这一点也许才是最重要的原因。

在此我谨将授课教案整理成书，公之于世，希望能够借此将此前与学生们在课堂上分享的那些静谧的感动与各位读者共享。同时，谨向教室里那一道道

纯净目光的主人公表示感谢。如有错漏之处，敬请
指正。

金上焕

2019 年 6 月

第一章 ————

康德的认知革命
——心灵模型的革新
《纯粹理性批判》

康德是发现"哲学新大陆"的哥伦布。康德通过《纯粹理性批判》掀起的这场"哥白尼革命",将西方哲学史甚至是人类思想史划分为"康德以前"与"康德以后"两个时期,而康德的认识论至今依然是现代思想的重要基石。

从以对象为中心的哲学，
到以主体为中心的哲学

第一次哥白尼革命

如前文所强调的那样，本书将重点围绕康德为西方哲学史带来的巨大革新进行探讨。西方哲学史如何因康德而发生变化？发生了怎样的变化？根据这一问题对康德的"三大批判"著作重新进行阐述，这就是本书的基本意图。

在进行阐述或重新阐述之前，首先必须明确阐述方法，这时就需要借助表示方向和结构的图式来作为方法。对于康德通过"三大批判"实现的哲学上的伟大革新，本书将通过"哥白尼革命"图式来一一进行说明。

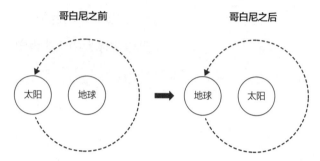

哥白尼之前　　　　　　　　　　哥白尼之后

太阳　地球　➡　地球　太阳

哥白尼提出"日心说"是科学史上的革命性事件，这起事件通常被称为"哥白尼革命"或"哥白尼转向"。

近代科学始于推翻"地心说"、提出"日心说"的哥白尼，若用图式对这场"哥白尼革命"进行说明的话，可以参考上图。

康德通过"三大批判"实现的四个方面的革新，也都可以绘制成类似的图式。"哥白尼革命"是一场颠覆了日地关系的重大事件。

与哥白尼一样，康德将主体与对象的关系进行了颠覆，其认识论由此展开。此外，康德的伦理学和美学也都以类似方式分别对善与法的关系、个体与普遍者的关系进行了颠覆。不仅如此，康德还建立了一种与过去全然不同的因果关系，并针对机械论自然观，提出了与之对立的有机论自然观。在后文中我们将按顺序对康德哲学所引起的这四个方面的"哥白尼革命"一一进行探讨。

首先要探讨的是康德的《纯粹理性批判》所带来的认识论方面的革命。认识论和以认识论为基础的形而上学讨论的都是真理问题，我们常说"真、善、美"，在西方哲学中，讨论真理问题的理论哲学一般被视为第一哲学，而讨论善的实践哲学，以及讨论美的艺术哲学则分别被视为第二哲学、第三哲学。

第一哲学讨论的是真理问题，《纯粹理性批判》便是一本与第一哲学相关的著作，因此该著作可以说是康德哲学的基石。而这也是我们在康德的"三大批判"著作中首先对这一著作进行讨论的原因。

发现超越论领域并对其进行明确规定，是康德通过《纯粹理性批判》一书实现的不可磨灭的成就，而这本书通常也被评价为将"对象认识论"转换为"主体认识论"的伟大著作。

不过严格来说，这种"颠覆"其实最早始于笛卡尔，笛卡尔将"思维的主体"看作哲学第一原理。不过最终赋予这种"主体认识论"以完整形式的人，是康德。康德发现了思考主体内部的超越论领域，由此完善了以主体为中心的近代认识论。

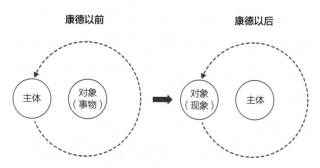

康德的认识论革命将主体与对象的位置进行了类似于"哥白尼革命"式的颠覆，由此取得了人类思想史上的伟大发现。

在笛卡尔和康德以前的认识论中，主体居于次要地位，而对象，更为准确地说，"事物本身"是认识的出发点和中心，主体像行星一样围绕对象旋转。然而笛卡尔、康德以及后来成为西方哲学史主流的德国观念论、现象学、存在主义等哲学则持完全相反的立场，他们认为主体是恒星，对象是围绕恒星旋转的行星。这种认识上的变化可以由上图说明。

从对象优势到主体优势

在康德以前的认识论中，对象就是"事物本身"。对象本身具有完整的形态，且先于主体、独立于主体而存在，主体不论是否认识对象，它都是自身存在的。此时所谓认识，不过就是指对对象进行映射。如同镜子映射事物一样，当内心对对象进行反射时，认识随之产生。这种情况下，认识虽是表象（重现），但这种表象其实与反射、反映或临摹并无二致，因此可以说康德以前的认识论一般将镜子作为心灵模型。

特别是在古代，人们通常将心灵视为镜子般的存在，然而如果将镜子作为模型去理解心灵的话，那么与认识有关的所有问题都将被归结为"变纯净（净化）"的问题，而恢复纯净心灵将成为对事物进行原本重现的首要条件。

那么如果心灵被贪欲或偏见沾染的话，将会怎样呢？此时事物映射在内心上的形态必然会发生扭曲。古代人认为，人类陷入的所有错误与罪恶都源于此。因此不管在东方还是在西方，对古代人而言，所谓学习其实就相当于一种（重要性不亚于积累的）"修炼"。领悟并享有真善美的途径在于冲刷心灵污垢，恢复原本的纯真。而所谓做学问，就是修炼心灵，在这个意义上，它与道德修炼如出一辙。

只有保持纯净心灵才能看到事物原本的模样，在西方这一观点被毕达哥拉斯和柏拉图所着重强调。他们强调心灵的端正不仅是正视事物的预备条件，同时也是正直生活的前提。也就是说，学问和实践都归结于心灵的学习。

新的心灵模型——表象生成装置

把心灵比作镜子的传统思考方式将对象作为辨别真假的标准。映射在心灵中的表象或对表象所作的描述为真，条件在于它是否与对象统一。这种认识论被称为"真理符合论"①。这一理论认为，我们的想法和描述与对象越统一就越真实，相反，如果在对象不存在的情况下进行描述，或是作不符合对象的描述，那就会成为谎言。

真理的标准在于事物本身，真理的程度与正确性成正比。比如，针对一个有三个角的特定对象，尽管许多人都会将其描述为三角形，但这些描述之间可能会存在些许差异。除了三角形这个大致的描述之外，具体来说它是什么类型的三角形、什么大小的三角形、在哪里的三角形，对这些方面规定得越具体，那描述的真实程度就越高。因此，是否对对象进行了具体到细节的、精确且严格的重现，换言之，也就是准确性的程度，是衡量真理等级的标准。

然而，对康德而言，这一切并非如此。他认为，占据优势地位的是主体，而非对象。因为除了知觉，

① 真理符合论（correspondence theory）：主张当有一个事实作为命题所指向的对象，并且该命题所表达的意义与该对象一致时，该命题为真。

对象本身成立的条件也在于主体。现在对象不再是脱离主体而存在的事物本身，而是一种只能在与主体的关系中作为对象而出现的东西，换言之，对象只是现象而已。

这种变化源于心灵模型的革新。对于康德而言，心灵不再是镜子，而是一个诸多功能的集合。心灵更像是一个由感性、想象、记忆、知性、理性等诸多认识能力组成的装置。这个装置并不是只能被动反映对象的机器，它更类似于一个能够能动统合对象的信息处理机器，或能够能动生成表象的信息发生装置。

基于新的心灵模型的康德认识论，将真假的判断标准从对象变为主体。现在，表象的真假不再取决于主体是否如实地反映对象，而是取决于主体内部的诸多认识功能是否正常运转。

在过去，所谓真理在于是否与对象统一，即准确性。然而现在心灵的活力成了终极的重要因素。生产表象和构成对象的各项认识的灵活功能与自由游戏的可能性，是真理能够成为真理的终极条件。

世界是如何呈现在我们面前的？

《纯粹理性批判》所思考的问题并非世界自身存在的形态，而是它是如何呈现于我们的。康德通过剖析心灵对这一问题进行了解答。心灵到底是如何运作的？心灵所具备的诸认识能力都有哪些？这些能力各自都有什么功能？这些功能是如何互相协调并生成表象的？康德用了大量篇幅对这些问题进行了解答。

《纯粹理性批判》中所包含的认识论的主干，就是对世界通过认识机制呈现于我们的方式进行叙述的部分。这种机制整体可以用以下图式进行概括：

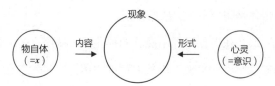

康德最早提出，呈现在我们眼中的现象世界并非事物本身形态的原本呈现，而是事物与对其进行认识的人的心灵结合后呈现出来的。

我们先来分析一下图式中标示现象的中间部分。所谓现象就是指呈现给我们的东西。现在呈现给我们并且被我们看到、听到的整个具体经验的世界，就是

"现象世界（phenomena）"。然而现象世界具有内容和形式两个方面。在西方哲学史上，自亚里士多德将事物定义为形式和质料的集合体以来，对象一直都在形式与内容的两分法下被定义。

那么现象的内容从何而来呢？它其实来源于现象世界背后的物自体。物自体是指现象呈现于主体之前的事物本身，它是无法被人类获知的未知 X。在物自体中，不存在任何能够被我们认识的东西，比如时间和空间，而且也不存在任何我们能够在现象世界中发现的某种规则或秩序。对于现象世界中的主体来说，物自体是完全不可想象的领域。①

那么在现象世界中经验的那些形式秩序又是从何而来的呢？它来源于图式右侧的主体的心灵。三维空

———————

① 在《纯粹理性批判》中，现象背后的事物 =X 有几个不同的名字。在感性论中，因它是感性直观的彼岸，所以称为物自体（thing in itself）；在分析论中，因它超越了知性的制约，所以称为本体（noumenon）；而在辩证论中，它作为理性思维的相关项而被称为无制约者（the unconditioned），同时又因它为理性提出问题，所以又称为理念（idea）。

间、时间秩序、因果秩序，以及除此之外的理性秩序，都是由主体内部的诸认识能力所赋予的某种形式。世界展现给人类的，以及个别对象呈现给我们的形式，都是"先验地"被赋予意识内部中的，这一点恰恰是康德在第一哲学中所带来的"哥白尼革命"的核心。

我们可以以计算机为例对这一点进行说明。假设计算机上有一块可以对信息进行视听重现的屏幕，那么康德意义上的现象世界就相当于这块屏幕。根据特定的时空间形式对信息进行重现的屏幕就是现象世界。既然如此，那么使屏幕上呈现某种视听表象的条件是什么呢？首先就是必须要有输入内容。如果记忆装置没有储存任何内容，那么屏幕上就什么都不会出现。

然而除此之外，与存储内容同样重要的还有软件。软件是使信息重现于画面的形式性条件，所以根据软件的不同，相同的存储内容呈现在屏幕上的方式有所不同。比如，有的画面是黑白的，有的画面则是彩色的；有的以二维平面的形式重现，有的则以三维动画的形式重现。

在康德的认识论中，内置于意识之中的形式就是这样一个相当于软件的东西。意识的形式先于经验而存在，同时又使经验成为可能，在这个意义上，它是一种"先验的（a priori）"①形式。如果没有这种意识的先验形式，那么对象就无法表现于现象世界中，也

---

① 康德哲学中有三个非常重要的术语，即"a priori""transzendental""transzendent"，受日本学界影响，韩国学界沿袭了日本译名，将它们分别译为："선험적（先验的）""초월론적（超越论的）""초월적（超越的）"。在这三个术语的含义及中译问题上，中国学界尚有争论。目前为止国内比较通用的译名是："先天的""先验的""超验的"，比如较早的蓝公武译本《纯粹理性批判》和新译的邓晓芒译本、李秋零译本都遵循了这一译名。然而近年来，这种本来已经快成定译的译名体系却随着国内学术界胡塞尔现象学研究的不断深入，以及中日哲学界学术交流的日益密切受到了不小的冲击。尤其是国内研究胡塞尔现象学的学者王炳文、倪梁康等就主张采用日本译名，虽然不少学者对此明确提出了反对意见，但仍有部分学者认为其具有一定的合理性。考虑到目前国内对这三个术语尚无定译，且为了忠实于韩版原作、最大限度地还原原作内容，确保全书逻辑上的连贯性，避免概念上的混淆，本译作将采用原作译名，即日本译名，将"선험적 /a priori""초월론적 /transzendental""초월적 /transzendent"分别译为"先验的""超越论的""超越的"。同样，包含这三个术语的其他术语也将按照日本译名翻译，例如"선험종합판단（先验综合判断）/synthetic a priori judgement"一词在国内通常被译为"先天综合判断"，但为保证翻译的一贯性，本书将其译作"先验综合判断"。——译者注

就是说脱离先验形式的经验是不成立的。

意识的先验形式不仅是使对象表现于现象世界的条件，同时也是使经验成为可能的条件，即经验的可能性条件。在这种可能性条件下所表现出来的对象并非事物本身，而仅仅是由内在于心灵之中的形式原理构成的产物。

因此，康德哲学包含三个领域：一个是主体不可认识的物自体，另一个是经验地呈现于主体的现象世界，最后一个是划分并连接物自体与现象世界的第三领域。在最后这个领域中，存在着使经验对象被表现出来的意识内的诸先验原理，康德将这个诸先验原理存在的领域称为"超越论的（transcendental）"领域。

同时，他还将探索经验之先验原理的哲学命名为"超越论哲学"。在超越论哲学中，由诸先验原理构成以前的世界（事物本身）和构成以后的世界（现象世界的对象）从存在方式开始就完全不同，因此，两者之间不可能存在任何共同点。

用前文所说的计算机来比喻的话，超越论哲学就是探索位于屏幕和储存装置之间的软件的哲学，因为软件其实就相当于先验原理。软件可以使储存装置里的内容呈现在画面上，就这一点而言，它可以说是一种先验原理。

计算机因机种不同其软件也有所不同，进而导致画面呈现的方式也有不相同。然而对于人来说，现象世界始终是以相同的方式呈现出来的。尽管人的人种和性别不尽相同，但世界始终具有相同的形式秩序。这是因为在人的意识中都内置了同一种软件，即同一种先验形式。

假如我们向来到地球的外星生命输入与人类内容相同的刺激，那这些刺激在意识上的表现方式可能会与人类有所不同。比如，人类可以三维感知时间、空间，但有些昆虫类生物只能进行二维感知。相反，我们也可以想象一下具有四维甚至五维感知能力的外星生命，如若他们拥有比人类更优越的先验形式，那这种想象也并非全然不可能。

根据软件的不同，信息呈现于画面上的方式各不相同。同样，根据在经验之前就已经被赋予意识的形式原理的不同，世界也会呈现出不同的样子。只不过人类都内置着相同的软件，即相同的先验形式，因此呈现给我们的世界始终是相同的。

到这里，关于何为"知"这个问题，答案就变得清晰起来。现象世界的形式原理，就是经验（认识）的先验原理。并且，如果这些原理先验地存在于意识中的话，那么对经验之起源或本性的疑问势必将延伸为对意识的先验原理进行逐一阐明的过程。也就是说，认识论具有了与意识解剖学相同的形态。

解剖人类心灵

认识机制

虽然康德将自己的哲学称为"超越论哲学",但有时他也将其称为"批判哲学"。事实上,康德的三大著作中都出现了"批判"一词。既然如此,那么康德意义上的"批判"指的是什么呢? 批判(critique)一词源于希腊语中的"krinein",含有"切开"尤其是"将食物腐烂的部分与未腐烂的部分切割"之意。

康德的批判哲学中直接引用了源语的含义。康德意义上的批判,就是对可认识的事物与不可认识的事物、认识的领域与思维的领域、理论的东西与实践的东西之间的界限进行划分。

此处同时又含有"解剖"之意。《纯粹理性批判》的大部分内容都由剖析心灵的过程和解剖意识的过程组成。既然如此，那为什么要进行剖析与解剖呢？这是为了找到存在于意识之中的认识能力，并明确这些能力的作用原理（先验形式）和它们的局限性。康德试图通过分析心灵来解决一切与认识有关的问题。

　　最近，据一些人工智能领域的研究人员所说，有两种心灵理论最能给予他们灵感，一种是认为"一切唯识所现"的佛教唯识理论，另一种就是康德的认识理论。在某种程度上可以说，康德的认识理论在今天也具有极大的启示意义。

　　要探究特定信息呈现于屏幕的具体流程，就需要对作为原理的软件进行分解和拆卸。同样地，在预设了使世界以特定方式呈现于我们的形式原理先验地存在于意识之中这个前提的情况下，康德认为一切与认识有关的问题都只能通过对意识的细致解剖工作来解决。

《纯粹理性批判》这一著作，通过书名将其意图简明地表达了出来。这一书名表明康德不仅要按步骤——对心灵进行解剖以揭示心灵的主要部位，同时还要对各部位的功能及运作原理进行阐明。

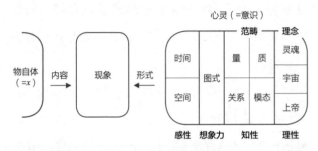

康德将我们心灵的认识能力分为四类（感性、想象力、知性、理性），并分别对各个功能的工作原理，即它们是如何相互协调、和谐运转的进行了分析。

用图式来概括整个解剖过程的话，可以绘制如上图。这个图式更加详细地展示了康德是如何分解第11页图式的右侧的心灵部分的，同时它也清晰地展现了相当于信息处理装置的心灵的内部构造及功能。

在康德的认识论中，我们的心灵分为感性、想象力、知性和理性四个部分。但其实，与其称它们为部分，不如称它们为功能更为妥当一些。之所以如此，是因为它们是帮助认识且又互不相同的诸能力，即诸认识能力。《纯粹理性批判》按照感性—知性—想象力—理性的顺序，对每一种认识能力都进行了详细的分析，进而解释了它们的运作方式及原理。

感性直观的两种形式——时间和空间

在这些认识能力之中，我们先来看一下感性（sensibility）。感性相当于计算机中的输入装置，用康德用语来说的话，感性就是直观的能力，而直观就是被物自体触发并接受刺激的过程。受物自体的影响而接受多样内容的刺激的这种能力，就是感性直观。有一个词叫作"感受性"，这个词就是"感性的接受能力"之义。

比如，就算聆听再美妙的音乐或者阅读再动人的诗歌，有些人也无动于衷。这些人的感受性存在问题。对于他们来说，外界的刺激很难被吸收到内心的意识之中，这样的人就像一台输入设备出现故障的计算机。

　　康德认为有两种感性直观形式，即时间和空间。感性是指通过时间和空间两种形式被物自体触发从而接收杂多 ① 内容。这听起来似乎有点颠覆常识，因为时间和空间一般都被认为是实在于意识外部的，而且人们也普遍认为时间和空间是先于事物而存在的。

　　比如在牛顿物理学中，先有绝对的时空坐标，宇宙的森罗万象坐落于时空坐标的某一点上。然而对康德而言，时间和空间并不是独立于意识而实在于意识外部的，而仅仅是意识进行感性直观的形式，换言之，即时间与空间仅仅是受到物自体的影响从而接收杂多内容的形式。

　　继感性之后，康德又剖析了知性。康德认为，经

---

① 　杂多：康德哲学中的概念。对应的德语为"mannigfaltig"和"Mannigfaltigkeit"，后者是前者的名词化形式，本义为"多种或多样的"。康德用这个词来表示"本身没有任何规定、要等待感性直观和知性范畴来加以规定的"，即"一种驳杂的、无秩序可言的多"，也就是"杂多"。——译者注。

验某物或认知某物是感性与知性的协同工作，如果说感性是指被动地接收刺激内容的能力，那么知性就是指能动地对这些通过感性被给予的杂多内容进行整合的能力。感性和知性的互补关系可以总结如下：

> 没有直观的概念是空洞的，没有概念的直观是盲目的。[①]
>
> ——《纯粹理性批判》第一版　第51页[②]

认识内容通过感性直观从外部被赋予给意识，因此"没有直观的概念"必然是空洞的，它没有任何内容。同时，通过直观接收的内容是杂多的，没有任何关联或性质、单位或层次，它们只能由存在于知性中的先验概念（范畴）赋予，因此"没有概念的直观"必然是盲目的。

---

① 引文译文未标明中文译本出处的，是基于中文译本与韩语译本意思差异影响作者论述的情况。后同。——译者注
② 此为康德德语原著中的版本出处。后同。——译者注

比如，制作砖块首先需要材料，即泥土，找到干燥的泥土并将其浸泡在水中的过程就相当于感性直观的工作。同样地，通过时间和空间形式传输知识的基本材料，并使之转换为可以被概念加工的内容，这个过程就是感性直观。

相反，知性则是对被感性地给予的杂多内容赋予一定形态的能力。搅拌好的黏土还未成形，那么为了使黏土具有一定形状，就必须将其放置在模具中。存在于知性中的先验范畴（概念）就相当于制作模具的小框架。如果说感性是被动地接收内容的直观能力，那么知性就是能动地赋予这些内容一定形式的综合能力。

通过被动的感性与能动的知性之间的协同工作，我们的表象、经验、知识得以建立起来。如果说感性与物自体相接触从而接收刺激内容的形式是时间与空间的话，那么知性对杂多的感性内容进行组织的形式就是"十二种范畴"。

知性的十二种范畴

在亚里士多德的逻辑学中，范畴①共分为十种，它们分别是实体、数量、性质、关系、地点、时间、姿态、状况、活动和遭受。然而，康德在古典逻辑学提出的以上十种判断形式的基础上又增加了两种，由此衍生出了十二范畴。他将十二种范畴分成量、质、关系、模态四个类别，同时每类又分别包括三个范畴。也就是说，知性通过判断形式的这十二种范畴来规定感性内容。

就像我们用十根手指制作东西一样，在康德哲学中，知性通过范畴来建立经验对象，先验范畴就如同长在意识上的十二根手指。人体躯干上有两只手，每只手上有五根手指。然而，知性却有量、质、关系、模态四只手臂，同时每只手臂上又有三根手指。

---

① 范畴（categories）：主要是为了对只在与其他词的联系中具有意义的词进行严格分类。对亚里士多德来说，范畴是一种思考形式和存在形式。从这个意义上来说，范畴表也是对存在的分类。通过范畴论，亚里士多德哲学得以与柏拉图哲学区分开来。

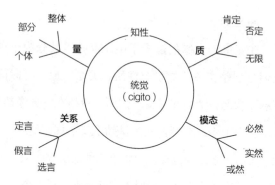

知性的十二种范畴可以比作四只手臂上的十二根手指。

如上图所示，量的"手臂"上有整体、部分、个体三根"手指"，质的"手臂"上有肯定、否定、无限三根"手指"，关系的"手臂"上有定言、假言、选言三根"手指"，而模态的"手臂"上则有必然、实然、或然三根"手指"。

除了手臂和手以外，知性还有对它们进行操纵的脊椎——"统觉（aperception）"。作为对知性的概念使用进行控制的中枢，统觉相当于自我意识（"我思"）能力，同时它也是使知性能够协调四只手臂及十二根手指的统一原理。

如果说位于知性正中间的统觉是统一原理，那么知性躯干上的四只手臂对应的则是分化原理。知性将被赋予给感性直观的杂多内容规定为量、质、关系和模态四个特殊的方向，那么为什么是量、质、关系和模态呢？

为了解答这个问题，我们可以想象一下朋友聚会找餐厅的情景。有些人可能比较重视菜量，因此会提议去量大又实惠的餐厅。相反，有些人可能更看重菜品的品质，所以会提议去高档且美味的地方。除此之外，还有些人可能会考虑菜品适不适合聚餐，或是考虑可以配着菜喝点什么酒，这就是一种重视关系范畴的态度。最后还有些人可能会问是不是一定要今天聚餐，可不可以下次再聚，这就是跟模态有关的问题了。

就像这样，在规定某种事态时，知性一般从这四种观点出发进行判断。从量的角度来区分事态是整体还是部分；从质的角度来区分事态是肯定的还是否定的；从关系的角度来甄别事态是无条件的（定言的）、有条件的，还是因果性的；而从模态的角度来判断事态是必然的还是偶然的。

范畴	判断表	范畴表	命题
量	全称判断	整体	一切 A 都是 B
	特称判断	部分	某种 A 是 B
	单称判断	个体	这个 / 那个 A 是 B
质	肯定判断	肯定	A 是 B
	否定判断	否定	A 不是 B
	无限判断	无限	A 是 not-B
关系	定言判断	定言	A 是 B
	假言判断	假言	如果 A 的话则是 B
	选言判断	选言	A 或者 B 是 C
模态	或然判断	或然	A 有可能是 B
	实然判断	实然	A 实际上是 B
	必然判断	必然	A 必然是 B

知性的十二种范畴是由亚里士多德的十种判断形式得出的，它们都有各自的命题。

就这样，知性通过四只手臂和十二根手指将杂多的感性质料组织成一个同一对象。如前所述，手指所对应的这些范畴是在亚里士多德逻辑方法所提出的十种判断形式的基础上又增加了两个后所得，它们的关联可以概括如上表。

想象力，感性与理性的媒介

在康德的认识论中，表象、经验和认识具有相同的含义。经验或认识是作为被动直观能力的感性和作为能动综合能力的知性的共同作用。通过直观从外界接收杂多内容的能力是感性，而通过判断赋予杂多内容以特定形式的能力则是知性。认识是感性直观与知性判断协同工作的结果。

但问题是，感性和知性就像水和油一样是不相容的，所以让两者协同工作并不像说起来那样容易，此时需要一个能够对这两种互斥的能力进行协调的第三媒介，这个媒介就是想象力。没有想象力，感性与知性、直观与观念的协同就只能是空中楼阁，因而知识也就无法建立。

所以，康德虽然在《纯粹理性批判》中详细讨论了想象力。他是从两个方向谈起的：当想象力从感性出发并将感性直观内容传递给知性时，这种情况下，想象力所做的工作叫作"综合（synthesis）"。反之，当想象力从知性概念出发，对感性直观内容进行加工以使其符合知性概念时，这种情况下，想象力所做的工作就叫作"图示化（schematize）"。

康德对综合和图式的描述极其深刻而又具有创造性，因此通过看一个人对这一部分的理解程度，就可以判断他有没有深刻领悟《纯粹理性批判》这本书。像黑格尔、海德格尔、德勒兹这些大哲学家往往都是通过对这一部分重新进行阐释从而实现对康德的创造性借鉴的。

那么什么是图式（scheme）呢？图式首先区别于图像（image）。图片和视频等都是现象世界的东西，它们是经验性的。而图式是不属于现象世界的图形，它是与经验上的图片种类不同的图形。

它是在意识之中，更为准确地说是在超越论领域产生的先验图形。没有这个先验图形，经验对象就无法产生，因为只有以这个图形为媒介，感性和知性才能协同工作。存着在一个充当经验对象的可能性条件的图形，康德将这个先验图形称为图式。

从经验领域寻找实例来说明的话，图式就类似于地铁路线图。路线图与地图明显不同，地图是对现实中存在的事物如实地进行临摹、压缩，但路线图只是有效率地对站点之间的关系进行标示，因而可能会因绘制者不同而有所不同。如果经常乘坐地铁的话，那长此以往，与路线图相类似的东西就会逐渐被刻在脑海中，这时我们就可以自由地乘坐地铁出行了。

公司内部为汇报业务计划而制作的 PowerPoint 也可以作为图式化工作的实例。PowerPoint 主要由图形或图表构成。制作图表的目的在于方便介绍计划的内容，可即使是同样的内容，对其进行说明的图形可能也会因人而异，比如有人绘制几十页，而有人则将这些内容压缩成一两页。

这种差异是由想象力造成的。想象力丰富其实就意味着可以高效地画出符合概念的图式。反之，只有知道如何绘制高效的图式，才能够准确理解抽象概念并对其进行自由应用。自由使用概念的条件就在于绘制图式的能力，即想象力。

假设我们阅读一本像《纯粹理性批判》这样晦涩难懂的哲学书。在阅读这本书时，我们会发现每个部分遇到的概念之间都有着一定的联系，并且这些概念之间的联系整体上正好可以像绘制地铁路线图一样被整理成一张图表。

当整个图表在脑海中被勾勒出来时，全书的内容就一目了然，我们也就能够对这些内容进行创造性的应用。如果我们阅读一本书却无法用一张图式来概括全书内容，那我们就不能说完全消化了这本书。

图式是将抽象概念与感性直观联结起来的条件，也是将概念直观化或将直观概念化所需要的一种方法，就这一点而言，图式与临摹并重现经验对象的图像处于不同的领域。

假设现在让我们在脑海中画一个直角三角形来说明勾股定理，那么这个三角形是否有固定的大小？它是特殊的，还是普遍的？是实在的，还是只是幻象？

其实我们脑海中的三角形往往既是前者又是后者。

因为无论大小如何，这个三角形都具有相同的时效性，它既是个别的、特殊的，同时又代表了世界上的一切三角形——就这一点而言，它也是普遍的。

图式就像脑海中的这个三角形，它既是感性的又是知性的，既是直观的又是概念性的，既是特殊的又是普遍的。想象力通过产生具有这种双重性质的图式来连接感性和知性。就这样，原本如同水与油一般因为互斥而始终无法相溶的感性与知性，最终以同时具有这两种属性的图式为媒介得以相遇并协同工作。

因此，康德意义上的认识预设了三种而非两种能力。这三种能力就是：作为直观能力的感性、作为概念（判断）能力的知性，以及连接两者的想象力。认识就是这三种能力的协同工作。然而在关于《纯粹理性批判》的解析中，想象力的地位时常引起争议。这是因为原文中有一段话，而在这段话中康德似乎认为想象力是所有认识能力的根源。

人类知识有两大主干，它们也许来自于某种共同的、但为我们所知的根基，这就是感性和知性。[1]

——《纯粹理性批判》第一版　第 15 页

一般综合只不过是想象力的结果，即灵魂的一种盲目的、尽管是不可缺少的机能的结果，没有它，我们就绝对不会有什么知识，但我们很少哪怕有一次意识到它。[2]

——《纯粹理性批判》第一版　第 78 页

这两段话是说意识所具有的所有认识能力，原本在想象力中是同一的，之后又由此分化为不同的分支。黑格尔、海德格尔以及现代的德勒兹等哲学家都非常重视这段话，他们将直观与概念的原始统一性视作本来的事态。而这就相当于把图式看作物自体，换句话说，就是将图式看作某种存在论意义上的事态。

---

① ［德］康德，《纯粹理性批判》，邓晓芒译、杨祖陶校，北京：人民出版社，2004，第 21—22 页。
② ［德］康德，《纯粹理性批判》，邓晓芒译、杨祖陶校，北京：人民出版社，2004，第 70 页。

然而，严格来说，康德从未将图式视作存在论意义上的事态。如前所述，康德的图式只是一种将概念直观化或将直观概念化的方法而已。①

理性，思维的能力

然而，除了感性、知性和想象力之外，我们还有第四种能力，那就是理性（reason）。如果说感性是直观的能力，而知性是运用概念进行判断的能力，那么理性就是推理能力。既然如此，那么为什么要推理？为何而推理呢？答案是为了构建体系。

我们每天都在积累各种经验，同时通过运用概念不断做出判断来积累大量知识。知识的探索横跨多个领域，在物理学、数学、生物学、地理学、政治学和

① 关于这一点，笔者沿用了科恩、卡西尔等所谓“新康德学派”的解释。参见 H. Cohen, KantsTheorie der Erfahrung（Berlin: Cassirer, 1918）和 E. Cassirer, Kant's Leben und Werke（Darmstadt: WissenschaftlicheBuchgesellschaft, 1975）。有关海德格尔对康德的解释，参见 M. Heidegger, Kant und das Problem der Metaphysik（Frankfurt am Main: V. Klostermann, 1973）。

经济学等各个领域，学者们都在不断地生产新的知识。然而俗话说"珠玉三斗，穿成为宝"①，这些生产出来的知识不能像碎片一样四散各处，而必须对它们进行整体体系化。为顺应这种体系化要求而产生的能力，就是理性。

康德以体系概念为中心来定义理论知识，他认为一个知识只有置于某种体系中才能被称为理论知识。所谓展示学术知识，就是把知识碎片按照统一的逻辑统合为一体，换句话说，就是构建体系。

那么，理性是如何构建体系的呢？在康德哲学中，理性对知识进行体系化的原理叫作"理念（idea）"，理念是体系化的核心。如果说感性是对时间、空间的直观能力，知性是通过概念进行判断的能力，那么理性就是以理念为大前提、构建推理序列的能力，因此它是对知识整体进行体系化的能力。

在康德看来，经验领域的诸知识各自形成一条具

----

① 韩国俗语，意思相当于中国的"玉不琢，不成器"。

有一定方向的线，它们各自画成一条线并最终收敛于三个点，这个收敛点就是理念，而这三个理念就是灵魂、宇宙和上帝。

一切与意识内部的心理事实有关的知识都以灵魂理念为中心被聚集起来，与之相反，一切与外部自然界有关的知识则以宇宙理念为中心被组织起来，而一切在道德实践中所发生的判断都以上帝理念为前提而获得推理序列。人的知识与实践，就是以灵魂、宇宙、上帝这三个理念为中心获得系统秩序的。

这些理念干预了认识的产生，不过这种干预只是间接性的。如果说知性概念是"构成"经验性认识的原理，那么理性理念就仅仅只是从体系的角度对每一个单一认识进行"规制"。产生经验性认识的单一判断既不是盲目的，也不是任意的，每一个判断都是在理念的指导和规制下做出的。知性参照着理性理念所绘制的整体构图以及理念所指示的大体方向来运用自身的概念。

例如，当我们判断某个事物时，我们一般不会把它看作孤立的对象，相反，我们会通过将它放在某个与它相关联的复杂关系网中来把握它。对围绕一个对象所呈现的特定脉络和整体构图进行展示的，就是理性理念。

康德将这种理念视为知性的终极问题，以及概念性知识作为该问题的解决方案而诞生的可能性条件。后来在黑格尔哲学中，这种理念理论被发展为"时代精神（zeitgeist）"这一概念。这里的时代精神意味着一个时代必须全力解决的问题，因此也是赋予一个时代的精神以目的，并将其引向特定方向的终极问题。

知识的探求原本始于某个问题，而康德却认为一切探求归根结底都源于理性的三个理念所提出的问题。然而，这个理性理念本身是不能被认识的，它只能被思维。既然如此，那么思维到底是什么呢？

如何区分
认识和思维

在怀疑主义与独断主义之间

在《纯粹理性批判》中，讨论感性直观的部分称为"感性论"，讨论知性概念的部分称为"分析论"。在分析论的结尾部分有一段标题为"演绎"的论述，康德在这里论证了将概念运用于直观的可能性，并为此增加了"图式论"。康德的图式论应该被解读为对英国经验论的反驳。[①]

英国经验论认为，知性概念来源于感官经验，而

[①] 参见 A. Philonenko, "Lecture du schématisme transcendatal" in études kantiennes（Paris：J. Vrin, 1982）。

概念只不过是从被感官知觉的对象中去除具体属性后得到的抽象图像。贝克莱等经验论者认为，作为一种心理操纵的产物，这种抽象图像没有实际的对应对象，因而没有任何意义。

然而对于康德而言，知性概念并非源于感官图像，而是先验地存在于知性中的。如果这个先验概念是依赖于某个图像的话，那么它就不是一个感官图像，而是意识自我产生的图式。

只有在与感性直观产生联系时，知性才会刺激内在感官、激发想象力，并且借助这种由想象力产生的图式从而产生感性直观。如前所述，由想象力先验地生成的图式处在与感官图像不同的层次上，因而它才使得对这个图像的概念运用成为可能。

通过这种图式论，康德找到了克服休谟怀疑论的方法。如果说构成因果性的核心要素是（因果之间的）"必然的耦合"，那么休谟就阐明不存在任何与这个耦合相对应的感官印象，这就相当于说因果性概念缺乏客观实在性。休谟认为因果性概念不过是由于主观预期和想象力的干预而被编造出来的虚构的概念，并以此为依据，否定了因果法则的必然性和普遍有效性。

康德说自己是被休谟的怀疑论从"独断论的迷梦"中惊醒的，这句话的意思是他的超越论哲学源于他对怀疑论挑战的回应。那么，康德是如何回应休谟的怀疑论的呢？康德通过阐明因果性概念是知性的先验范畴对休谟的怀疑论进行了回应。

他认为，因果性概念并不是从感官印象中派生出来的，而是被先验地赋予并运用于印象上的，而使这种概念运用成为可能的条件是知性通过想象力的帮助获得的图式，而非感官图像。先验地赋予的因果性概念，借助意识自我生成的图式，得以获得进入一般感官经验世界的权利。

在《纯粹理性批判》中，对灵魂、宇宙和上帝这三种理性理念的讨论是在名为"辩证论"的标题下进行的。康德的所有批判著作都提到了辩证论，而辩证论的主要目的就在于解构哲学史。康德通过辩证论将自己以前的思想史重构为简明的三段论，然后又瞬间将其摧毁。

《纯粹理性批判》中辩证论聚焦的对象是传统形而上学，尤其是十七世纪的大陆唯理论。在西方，形而上学过去一直与灵魂、宇宙和上帝这三个问题作斗争，并一直在追求对这三种理念的理论性认识。而康德却通过辩证论逐个瓦解了传统的唯灵论、宇宙论和上帝论。

第一批判辩证论始终从同一个前提出发，即灵魂、宇宙、上帝的理念是某种超越了感性直观的，因而也就是超出了理论知识范围的东西。从一开始，传统形而上学就将超越了人类条件的东西视为严肃的学术认识或学术论证的对象，并且把理性权利之外的东西自封为自己的正当权利。

对于传统形而上学的这种超然态度，康德称为"独断主义（dogmatism）"。康德认为，在独断主义中盘旋的形而上学跛行的历史源于理性中所内在的某种根本性幻象。这是一种什么样的幻象呢？即理性错以为自己能够扩展知识的原理是存在于其自身之中的，这种幻象是由理性将其自身之中的原理误认作创造知识的器官而产生的。

纯粹理性批判的目的

第一批判辩证论揭示了理性理念是一个相当于"典律（canon）"而非"工具（Organon）"的原理，"Organon"意为"器官"，"canon"则意为"典律"。典律之规定是规制和指导行为的原理，因此在康德看来，理性理念必须成为一个像典律一样用来对知性的正确使用进行规制和指导的原理。

知性的正确使用，一方面不能脱离感性直观的约束，另一方面也要建立起系统秩序。在这两种方向上，理性理念必须成为指导知性的正确使用的原理，一方面，它必须保护知性的使用以免其受到怀疑论的攻击；另一方面，它又必须承担起一个从独断论的迷惘中解放出来的守护者角色。

理性的这一重任必须从认识与思维的对立结构中来把握。当感性、知性和想象力是为了认识的能力时，那理性就是为了思维的能力。但是，倘若理性试图通过其内在的先验理念来扩展其对经验世界的认识，那就陷入了独断论。

理性必须掐灭想要直接助力获取新知识的贪婪之心，而要专注于将思维扩展至现象世界之外的世界。当然，正如形而上学的历史所表明的那样，现象世界之外的领域，即物自体的领域，是一个隐藏着无数暗礁与陷阱的险恶世界。

然而，人类如果不直面形而上学世界中日益凸显的问题，就无法找到生命的意义，进而就无法系统地理解自然界，这就是康德通过《纯粹理性批判》来揭示认识之本质、明确认识之界限的终极目的。一些分析家认为，当涉及超越经验的事物时，我们必须无条件地停止思考并缄口不言，而康德的观点与这些分析家的主张明显不同。

康德反而是想寻找一条通往超越了理论知识的世界的思维航路。康德曾说：

我们正是对于也是作为自在之物本身的这同一些对象，哪怕不能认识，至少还必须能够思维……因此我不得不悬置知识，以便给信仰腾出位置。[①]

——《纯粹理性批判》第二版　序　第XXVI、XXX页

在《纯粹理性批判》中，康德付出了诸多努力来阐明理论知识的性质、有效性范围及界限，这就是为什么康德称自己的哲学为批判哲学。所谓批判，即对认识的界限及其内外分界线进行划分的工作，然而康德却说，这种认识论的解剖学并不是他的最终目的。

他指出，对经验性认识的细致分析是进入下一阶段前的准备工作，即给信仰腾位置的预备工作。而在序言的另一处，康德也明确地表示批判的目的在于为理性体系做准备工作。

---

① ［德］康德，《纯粹理性批判》（第二版），邓晓芒译、杨祖陶校，北京：人民出版社，2004，（第二版序），第20页、第22页。

于是我们就可以把一门单纯评判纯粹理性、它的来源和界限的科学视为纯粹理性体系的入门。①

——《纯粹理性批判》第一版 导言 第11页

剖析诸认识能力以揭示其功能，并且绘制出它们各自的权利（有效性）范围和界限，这项工作并不止于对理论认识的普遍性和必要性进行正当化以反对怀疑主义，也不仅仅局限于保护理论知识使其免受独断主义幻象的危害。最重要的是，它是一项为了将思维延伸至超越理论知识的彼岸世界而进行的准备工作。

将思维引至物自体的世界或无约束的理念世界的能力恰恰在于理性。纯粹理性批判的真正目的是对理性思维进行正确的提问，为理性思维提供正确的方向和坐标，构建真正的学术体系和信仰基础。

如果说知性处于经验性认识的中心，那么当思维超出认识领域时，能够指出正确的问题并为之提供方

① ［德］康德，《纯粹理性批判》，邓晓芒译、杨祖陶校，北京：人民出版社，2004，第18页。

向和构图的，便是理性。通向这种理性思维的准备过程，就是到此为止我们所讨论的纯粹理性批判。

认识是什么

在深入研究思维之前，让我们先来了解一下认识与思维的区别。康德认为理论认识是一种具有普遍性和必然性的认识，并且他将这种理论认识称为"先验综合判断（synthetic a priori judgement）"或"先天综合命题"。在《纯粹理性批判》（第二版）的导言中，康德将一切与知识有关的问题都概括为"先验综合判断如何可能"的问题。那么，什么是先验综合判断呢？

在康德以前，命题分为分析命题和综合命题。在分析命题中，谓词的属性已经包含在主词之中，分析命题仅仅是将已经包含在主词之中的属性分析出来。

例如"三角形有三个边"或"三角形有面积"这个命题，这里的谓词"三边"和"面积"都已隐含在主词"三角形"的定义之中，所以这个命题永远不会出错，它总是具有普遍性和必然性。不过，由于谓词只起到揭示主词属性的作用，所以它无法扩展出新的内容。

与之不同，在综合命题中，主词原本没有的属性通过谓词被添加进来。例如在"这个三角形是由纯金做的"或"那个三角形是绿色的"这个命题中，谓词中的"纯金"或"绿色"是三角形定义原本所没有的要素，而这些与三角形本身无关的经验属性通过系词（'是——'）与主词相联结。

与分析命题不同，综合命题可以对内容进行扩展，因而具有一定的积极作用。然而尽管如此，这种命题既不是普遍的也不是必然的，它只是或然的，因此它始终处于陷入谬误可能性的危险之中。

像逻辑学或数学这样的形式科学命题一般都属于分析命题，比如"2+3=5"。分析命题虽然总是普遍的、必然的，但并不会带来内容上的增加，它仅仅是空洞的同义反复。康德以前的唯理论哲学，特别是毕达哥拉斯—柏拉图传统是在数学中寻找知识模型，这就导致人们认为一切学术命题都应该采用分析命题的形式。

相反，以发现新事实为追求的经验科学命题必然只能是综合命题，然而只要它是一个综合命题，那就不能说它是普遍有效的、必然的。英国经验论主张一切知识都源于感官经验，这就导致它最终又回到了认为一般学术命题只存在或然有效性或概率有效性的怀疑论上。

康德消解了唯理论和经验论之间的对立，对这两种立场进行了整合。康德认为牛顿物理学与数学真理一样具有普遍性和必然性，而形式科学命题也同经验科学命题一样伴随着内容的增加。

代数命题和几何学命题虽然看似属于分析命题，但其实它们并不仅限于空洞的同义反复，而同样带来了内容的扩展；经验科学命题虽然看似是综合命题，但与形式科学命题一样，它同样具有普遍有效性和必然性。因此，区分分析命题和综合命题变得毫无意义，两种科学命题在形式上没有任何区别。

这是如何可能的呢？经验科学命题之所以是综合的且同时具有普遍有效性和必然性，是因为科学经验依赖于先验范畴。由于科学知识是在先验范畴的干预下产生的，所以对其进行表述的命题就变成了一个综合的但又先验的命题，即"先验综合命题"。康德认为，代数命题、几何学命题等数学命题都是先验综合命题。

我们可以参考一下中国古代流传下来的一个四字成语——"朝三暮四"。虽然主人每天都给猴子喂七个（橡子），但早上给四个、晚上给三个时，和早上给三个、晚上给四个时，猴子的反应完全不同。从这里我们可以发现，"4+3"并不是"3+4"的同义反复，这两个命题有着不同的直观。

从康德的观点来看，数学演绎的每个阶段都需要不同的直观，除非每次都有新的直观被添加进来，否则演绎过渡就不会发生。从一个阶段到下一个阶段的演绎不是机械性的同义反复，而是一个综合的过程，在这个过程中，每次都会添加新的内容直观。因此，虽然在普遍且必然这一点上，数学命题是先验命题，但在有新的直观内容扩展这个意义上，它又是综合命题。

比如，代数推理和几何演绎就是先验综合命题，因为它们在每一步都会分别产生新的时间直观和空间直观。以牛顿为代表的自然科学命题也是如此，虽然新的内容总是通过经验观察和实验被添加进来，但由于经验性认识的发生形式本身是先验的，所以它总是普遍的、必然的。因此，形式科学和经验科学都生成一种既是先验的又是综合的判断，即先验综合判断。

思维是什么

如前所述，在《纯粹理性批判》中，思维由推理能力，即理性主导。那么思维，换言之，"思考"始于何处呢？其实它来源于理性内在的终极欲望（desire）。康德认为，除了肉体，理性同样具有欲望，他在《纯粹理性批判》序言中将这种欲望称为"形而上的欲望"。用较为委婉的说法来表达的话，就是"兴趣（interest）"[1]，这里的兴趣相当于提问的主观源泉。

---

① 又译作"关心"。——译者注

问题引发思考，理念是问题的客观源泉，兴趣则是其主观源泉。理性会遭遇某个终极问题，这个问题实质上已超出了理性自身的能力范围，但同时理性又无法回避它。康德认为理性由三个问题支配：

理性的问题	思维的源泉	主要的认识能力
我能够知道什么	思辨的兴趣 （高级的认识能力）	以知性为中心的关系
我应该做什么	实践的兴趣 （高级的欲望能力）	以理性为中心的关系
我能够希望什么	美的兴趣 （高级的情感能力）	以判断力为中心的关系

理性主导的思维由思辨的兴趣、实践的兴趣、美的兴趣诱发。

第一个是"我能够知道什么？"，这一问题来源于思辨的兴趣。理性并不满足于零碎的知识或理论，而是试图超越零碎的知识或孤立的理论，以将一般知识整体体系化。从基本原理出发对所有理论进行重构，这就是思辨的兴趣。

第二个是"我应该做什么？"，这一问题来源于实践的兴趣。理性是欲望的主体，因为它可以出于某种特定的动机而转化为具体行动；理性也是意志的主体，因为它总是朝着将来要达成的某个终极目标前进。理性可以自律地规定自我意志，但同时它又必须直面一个问题——应该根据何种法则来自我规定？而这就是理性所具有的实践的兴趣。

第三个也是最后一个问题，是"我能够希望什么？"，这一问题来源于美的兴趣。如果说思辨的兴趣追求的是真，实践的兴趣追求的是善，那么美的兴趣追求的就是那些带来愉悦或幸福的价值，例如美或生命现象。发轫于这种兴趣的思维，最终超越了对当下人生的思考，延伸为对未来生活的反思。

康德认为这三个提问可以归结为一个终极问题，即"什么是人？"在康德看来，这三个问题并不是毫不相关的，在关于人的终极本性这个问题上，它们具有互补关系。也就是说，一切由理性提出的问题，即哲学的问题，都可以归结为对人的超越论意义上的本性的提问。那么，人的"超越论意义上的本性"是什么呢？

这是理解整个康德哲学的关键问题。但在回答这个问题之前，让我们先思考一下理性的三种兴趣，即"我能够知道什么？""我应该做什么？""我能够希望什么？"这三个表达理性兴趣的提问各自都需要不同的思维形式，思维方式随着问题的变化而变化，那么它是如何变化的呢？

在康德看来，无论是认识还是思维，人内心中的一切，都是由四种认识能力（感性、想象力、知性和理性）所引起的。一切心理过程的背后，都有着以不同的方式联结并运作的这四种能力。然而，随着理性兴趣的变化，这些能力之间进行联结的比例也会发生变化，并且每种能力的作用或权重也会变得不同。

例如，根据足球、篮球、拳击、马拉松等运动项目的不同，运动过程中所主要使用的身体部位也有所不同，同时每项运动的身体使用比例情况也不相同。同样的例子，人在看电影和看书时，感官的使用比例也不相同。

理性思维也是如此。如果兴趣发生变化，那么起主导作用的认识能力及能力之间的作用分配也将随之变化。比如，当思维朝向理论体系时，即思维被思辨的兴趣所引导时，那么知性就会居于理性思维的中心。这是因为知性的作用就是利用四个手臂和十二根手指（范畴）对通过感性直观被赋予的杂多内容进行分类和综合，所以它必须成为中心，而想象力和理性则只能居于外围。

而当思维朝向人的道德使命和自由原理时，即思维由实践的关心所孕育时，理性就会居于中心，而其他认识能力只起辅助作用，不过，此时必须将感性完全排除在这些能力之外。

最后，在从美的兴趣出发的思维中，判断力必须发挥最重要的作用，比如审美判断力的核心是想象力。正如前面在对图式进行说明时所提到的那样，想象力在创造性思考中起着决定性的作用，感性、知性和理性以想象力为中心在其周围进行辅助，这就是创造性判断力。

整个康德哲学就是以阐释诸认识能力的使用比例，即现代观点中的内置于心灵中的信息处理装置为基础，对理性提出的终极问题进行解答的过程。这意味着康德哲学不仅仅局限于单纯的认识论，换句话说，就是不仅仅局限于对理论知识界限的讨论。康德通过认识论建立了一套缜密的认识能力理论，并在此基础上对理性在理论知识彼岸所遇到的问题进行了形而上的反思。

而之所以强调这一点，是因为有许多人认为自己读过《纯粹理性批判》的前半部就相当于读过康德了。有许多解释认为，《纯粹理性批判》的目的是将我们的知识范围限制在感官经验领域内，因而将消除形而上的欲望看作康德哲学的根本意图。但其实事实恰恰相反，《纯粹理性批判》第一版的序言是这样开始的：

人类理性在其知识的某个门类里有一种特殊的命运，就是：它为一些它无法摆脱的问题所困扰；因为这些问题是由理性自身的本性向自己提出来的，但它又不能回答它们；因为这些问题超越了人类理性的一切能力。[1]

——《纯粹理性批判》第一版序　第 VII 页

英美国家的实证主义者据此认为康德哲学的意图在于解构独断论形而上学。然而，上面这段话并不是说要从理性思维中剔除形而上的欲望，而是告诉我们理性思维无法避免形而上的欲望，因此需要建立一个"理性法庭"来证明理性具有追求形而上欲望的权利。

如前所述，《纯粹理性批判》从一开始就阐明了这种权利批判是纯粹理性体系的预备学，这门预备学的目的是悬置知识来给信仰腾位置。康德希望在遵守通过理性法庭建立起来的严格标准的同时，能够满足理性内在的终极兴趣和形而上的欲望。

---

① ［德］康德，《纯粹理性批判》，邓晓芒译、杨祖陶校，北京：人民出版社，2004，（第一版序），第 1 页。

哲学新大陆，
超越论领域的发现

第一次哥白尼革命的影响

康德称自己的哲学为超越论哲学。"超越论的"一词的源语为"transcendental"，这个单词的意思并不好解释，因此在如何翻译这一单词的问题上，研究康德的学者们之间存在着许多意见分歧。为了解决这个问题，让我们先来了解一下康德在《纯粹理性批判》中完成的"哥白尼转向"所带来的诸多结果，从而对其意义进行总结。

第一，康德的第一个哥白尼转向不仅仅意味着以对象为中心的认识论转变为以主体为中心的认识论。

它同时也意味着哲学，尤其是形而上学完全摆脱了神学的桎梏。[①] 康德以前的哲学，尤其是唯理论的独断论形而上学一直没有从神学中解放出来。

直到十八世纪，困扰西方形而上学的终极问题依然是主客统一的问题，即我的思想与对象如何能够统一的问题。如果说我们的心灵是反映对象的镜子，那真正的认识指的就是与对象相统一的心理表象。既然如此，那么又该如何才能保证我们心灵的表象与对象是统一的呢？

就这一问题，许多哲学家提出了不同的观点。例如，笛卡尔通过推翻普遍怀疑[②]方法，对上帝的存在进行证明，从而解答了这个问题。而莱布尼茨则用预

---

① 参见吉尔·德勒兹（Gilles Deleuze）《康德的批判哲学》。
② 普遍怀疑（Doute méthodique）：即方法论的怀疑，是笛卡尔方法论的一种，指通过怀疑一切看似不确定的事物来建立绝对基础，从而积累确实的意识。分为怀疑一切既有研究和惯例以建立普遍学术体系和怀疑一切不确定性以巩固形而上学两种方法。

定和谐①对此进行了解释。这些都是通过神学假设来解决内外统一问题的典型例子。

然而，随着康德将认识论的构图改变为对象围绕主体旋转，过去一直困扰着形而上学的主客统一的问题至此终于不再被提及。这是因为当我们不再将心灵视为一面镜子而将其视为一种信息处理装置时，那么真假问题，即表象的客观性问题自然就会被边缘化。

而什么问题会取而代之成为中心呢？那就是产生表象的诸认识能力和谐统一到什么程度的问题。对象是否实在是一个超出了人类意识能力的问题，若要解决这个问题，只能回归到世界的创造者——上帝那里。因此，对表象与实在之间统一的可能性只能通过神学假设来进行正当化论证。但是，如果要拉回到意识内部，在诸认识能力之间的统一中去寻找真正认识（客

---

① 预定和谐（Harmonie pré-établie）：认为宇宙是由无数个相互没有因果关系的单子（monade）组成的，宇宙中之所以存在秩序，是因为上帝在创造每个单子时，预先安排好使每个单子的本性可以相互协调。

观性）的标准的话，那自然就无须借助上帝这个超越意识的存在了。

第二，康德的哥白尼转向也带来了时间概念上的重大转变。在康德以前的思想史上，时间是以自然界的规律性运动（尤其是天体运动）为标准进行测定的客观事态。然而，在康德的认识论中，时间和空间不再是独立于认识主体的实存之物，它们只是我们的意识从外部世界接受刺激的感性直观形式，这就意味着存在于意识之外的时间从自然运动中解放出来，回归到了意识之中。[①]

在康德以前，无论在东方还是西方，都将自然运动尤其是天体运动等规律性的反复作为衡量时间表象的基准。譬如在《周易》中，无论是人的命数，还是国家的命运，凡是世事皆以月之阴晴圆缺来解释，甚至连历史时间也被看作是自然循环运动的模型。

然而，到了近代，时间变成了一种区别于自然运

---

① 参见吉尔·德勒兹《差异与重复》。

动的、意识固有的内在事态。在音乐和绘画等近代艺术中，我们也可以看到很多描述意识固有体验的作品。近代性的一个重要特征就是，意识的内在时间比意识外的时间更为重要，而这种优于自然时间的意识内在时间最早是由康德发现的。

就这样，通过康德的哥白尼转向，形而上学得以从神学中解放出来，意识时间也从自然运动中解放出来。不过，与这两点相比，康德的哥白尼转向还产生了一个更为重要的结果。

第三，哲学理性从数学理性中解放出来。哲学理性脱离了当时主导科学和哲学的数学理性，并发现了自我的内在逻辑。在十七世纪的科学革命之后，数学成了学术模型，理性始终意味着数学理性，而所谓合理性指的就是基于可测性和演绎证明的数学理性。因此在当时的情况下，一切学问都被统合在普遍数学的理念之下。

甚至是哲学也只有在依赖于数学方法时才被承认是一门严谨的学问。例如，斯宾诺莎的代表作《伦理学》的原标题就是"用几何学方法作论证的伦理学（Ethica in Ordine Geometrico Demonstrata）"，这个例子充分反映了当时以几何论证为模型进行哲学论证的普遍趋势。

然而，随着康德实现哥白尼转向，哲学不仅从数学中分离出来，还开始主张自己拥有优于数学的权利。《纯粹理性批判》的下半部（方法论）就详细论述了为什么数学思维和哲学思维不同。

比如，数学从定义开始，而哲学则必须得出定义。在康德看来，数学是必然且普遍有效的，因为它是从定义开始，通过分析来构建概念的，因此它始终是确定的和绝对可靠的。然而，由于哲学是一个经过诸多综合的过程从而得出定义的过程，它始终有出现谬误的可能性。

康德将追求数学理性的能力称为知性，并将其与哲学思考的能力，即理性区别开来。知性是指导包括数学和自然科学在内的一切理论知识的能力，理性是涉及理念、构建思维体系的能力。数学和以数学为基础的科学通过知性进入认识的世界，而哲学则通过理性进入思维的世界。

康德将数学与哲学区分开来，同时又将知识与思维、知性与理性区分开来。由此，在此之前隶属于神学，在此之后又隶属于数学的哲学重新获得了作为"学科女王"的优越地位。

超越论领域是什么？

哲学不仅不同于自然科学及神学、数学等学科，它的地位甚至还优于其他学科。康德将赋予哲学特权地位的领域，即哲学独有的领域命名为"超越论的"。这个术语之前已经多次提到过，现在让我们来更深入地思考一下这个术语的含义。

哲学所具有的区别于其他学问的特征通常被称为"形而上学（metaphysics）"。希腊语中的"metaphysics"意为"物理学（physics）之后（meta）的学问"，西方哲学史可以概括为理解"物理学之后"的这个"之后"的历史。物理学之后的或超越物理学的就是超越感官经验的领域，从这个意义上说，就是"超越的（transcendent）"。

这个上层的超越领域有时被视为本质，有时被视为实体，有时被视为神圣之物，有时又被视为数学之物。康德却将这些超越的东西全部摒弃，转而打开了超越论领域的大门。

在康德哲学中，超越的（超过感性直观的）属于物自体的领域，而经验知识，即自然科学，则属于现象世界。然而，超越论领域位于物自体与现象世界之间，而这个地方恰好就是哲学确立自身固有原理的地方。康德打破了区分感性（现象世界）和超感性（物自体）或"形而下"和"形而上"的二分法的桎梏，发现了这个第三领域——"超越论的"领域。

物自体、现象世界，以及超越论领域组成的三元拓扑，源于使对象开始围绕主体旋转的这种观点的变化。因此，超越论领域的发现同样也是哥白尼转向的产物。

那么，什么是超越论领域呢？因为康德对其下定义的段落不多，所以每当提起这个问题时，一般都会引用出现在《纯粹理性批判》上半部分的如下句子：

> 我把一切与其说是与对象有关、不如说是与一般对象有关的我们所具有的先验概念（知识）称为超越论的。这样一些概念的体系可称为超越论哲学。
>
> ——《纯粹理性批判》第一版　导言　第11—12页

那么，什么是"先验的"呢？"先验"一词的源语是"a priori"，这是康德著作中最常出现的术语，因此具有非常重要的含义。所谓先验的，就是先于经验并使经验成为可能的东西，而且它不是简单地使经验成为可能，而是使经验具有普遍性和必要性而成为可能。

使经验对象的发生成为可能，同时使对象之经验具有普遍性和必然性，这个东西就是先验的。

然而，将先验要素引入经验性认识的这种方法，在康德以前就曾有过。特别是在笛卡尔和莱布尼茨等唯理论者的认识论中发挥重要作用的"天赋观念"①，就是一种先验的东西。那么，天赋观念的先验性与康德意义上的先验性有什么区别呢？

要解答这个问题，就必须要回到形而上学的先验性和超越论的先验性之间有什么区别这个问题上。两者的区别在于能否准确描述经验或经验对象的发生，也就是说，形而上学的先验性无法解释经验或经验对象的发生，而超越论的先验性却可以细致地阐释经验对象的发生原理。

十七世纪唯理论的天赋观念是以数学或逻辑学的基本概念（公理）为模型而被定义的一种形而上学上的概念，它的先验性狭义上是数学的，广义上则是形而上学的。而且，形而上学的先验性处于与经验的发生无关的领域，英国的经验论及对其进行继承的现代心理学就源于这种对经验之发生的理论兴趣。

---

① 天赋观念（innate idea）：在经验性认识之前就先天知道的东西，是指人生来就有的一种内心中的原则或概念。

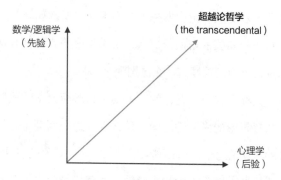

数学/逻辑学
（先验）

超越论哲学
（the transcendental）

心理学
（后验）

通过超越论领域的发现，康德将哲学从数学和逻辑学中解放出来，并使其与心理学区分开来。

在这里，我们有必要再回顾一下超越论领域的拓扑位置。超越论领域位于物自体和现象世界之间，同时它也位于数学、逻辑学等形式科学和心理学之间。数学公理和逻辑公理是为确保我们的思考具有普遍有效性所必须遵循的形式条件，比如同一律、排中律等原理。但因为它只是一个形式条件，所以它并不能告诉我们思考是如何产生并延伸的。

对思考内容进行研究的学问是心理学。然而，虽然心理学说明了思考内容的产生过程，但它并没有解释为什么思考是普遍的和必然的。而康德意义上的

"先验"不仅是使我们的思考具有普遍有效性的形式原理，同时也是负责操控我们思考内容的发生的综合原理。先验的同时也是综合的，所以就像前文叙述的一样，真实的判断都是"先验综合判断"。

康德的先验原理并不是一个独立于经验、位于经验彼岸的某处的纯粹形式原理，它是一种直接干预经验的发生过程、普遍且必然的综合原理，对这个原理进行探索的就是超越论哲学。

哲学新大陆的发现

如前所述，"超越论的"一词是"transcendental"的译语。这个词的词源是"trans-categorial"，有"超过范畴的"之意。据说这个词最早是在 1128 年由一位名叫菲利普（Philippe）的德国宫内大臣兼哲学家创造的。

在当时，超越的却又是超越感性的东西被称为"形而上学的"。不过，如果有一个东西又超越了已经处于形而上学地位上的范畴，那它应该叫什么呢？"transcendental"就是产生于这样一个疑问之下的新造词。[1]

这里比较重要的一点是，这个问题是在对亚里士多德的范畴论进行注释时提出的。如前所述，康德提出了十二种范畴，而亚里士多德在此之前就提出了十种范畴。

然而，亚里士多德的范畴表中并不包含诸如存在（being）、太一（the one）这种看起来非常基本的概念（康德的范畴亦是如此），真善美的概念也算是如此，这些可以说是关于人类思考的最为基本的概念，却并没有包含在亚里士多德的范畴表中，这是为什么呢？

菲利普认为其原因在于基本范畴虽然隐含在逻辑学的特殊范畴中，但同时又超越了逻辑学的特殊范畴。这里所谓"超越"有两个含义：一是它超越了范畴的区分范围，二是它包含在一切范畴中。

也就是说，诸如存在、真理这样的基本范畴是如此纯粹，以至于它们无法被逻辑学的一般范畴所掌握；

---

[1] 参见 J. Derrida, Marges de la philosophie（Paris：Minuit，1972）。此外，参见白琮铉《韩国康德词典》（Acanet，2019）。

同时它们又是如此普遍，以至于超越了范畴的分类。与一般范畴相比，基本范畴具有更高级的普遍性，由于它具有超越科学普遍性和逻辑普遍性的更高级的普遍性，因而它虽然只能并且实际上包含在一般范畴内，却无法被一般范畴掌握。不过，虽然基本范畴没有被逻辑范畴掌握，但它们却为范畴奠定了基础，使范畴能作为范畴被建立起来。

超越了经验范畴的更高级的领域，即超越了经验性概念却又为经验性概念奠定基础的根本领域，这一含义也蕴含在康德意义上的"transcendental"之中。只不过，康德并没有在"太一""存在"或"真理"等概念中去寻找这种超越论范畴，而只是在逻辑判断的范畴中去寻找。所以，"transcendental"的概念自然也就包含了超越的意思。

超越论领域是康德在哲学史上最伟大的发现，康德是发现哲学的固有领土、哲学新大陆的哲学界的哥伦布。可以毫不夸张地说，康德之后的哲学史就是一部对超越论领域进行挖掘和拓展的历史。

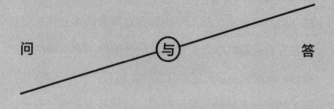

问 与 答

为什么说康德是"第一个成为大学教授的哲学家"？

　　康德生于 1724 年，逝世于 1804 年，享年八十岁。以今天的标准来看，康德寿命可以说是非常长，相当于现在的百岁了。但他其实身材十分瘦小，体质虚弱，以至于终生疾病缠身。他的父亲是个马鞍匠，母亲是个虔诚的基督徒，据说康德对母亲的爱恋尤深。

　　康德出生在一个贫穷的家庭。在周围那些赏识他才能的人，尤其是教会牧师的帮助下，康德得以考入大学。自幼年起，康德就信奉基督教的虔敬主义，这无疑对他的伦理思想产生了巨大的影响。

康德二十二岁时大学毕业，在此后的大概八年时间里，他一直以给贵族子女当家庭教师为生。康德之后的费希特、谢林、黑格尔等德国哲学家的人生轨迹也大致如此，都是先担任家庭教师，之后又进入大学成为教授。而康德则是第一个实践这种人生轨迹的哲学家。

康德三十多岁时重回大学校园，在提交了他的博士论文和教授资格论文之后，他又继续在柯尼斯堡大学担任编外讲师长达十五年之久。当时因为家境贫寒，康德不得不同时兼职图书管理员工作，不过在发表了几篇引起学术界关注的重要论文之后，四十六岁的康德终于被任命为教授。

然而奇怪的是，此后康德并没有发表任何著作，尽管这对于今天的大学教授来说是难以想象的，但这样的状态还是持续了大约十年的时间。1781年，五十七岁的康德发表了雄心勃勃的著作《纯粹理性批判》，自此成为学术界的核心人物。1790年，六十六岁的他又发表了《判断力批判》。两部著作之间近十年左右的时间是康德创作的鼎盛时期。

这一时期，除了代表作"三大批判"之外，康德还撰写了其他几部非常重要的著作。在出版了震撼全欧洲的一系列代表作的同时，康德也有幸连任了两届大学校长。退休后，他继续积极创作，同时发表了多篇珍贵的论文。这些论文几乎涵盖了哲学上的所有问题。

康德是"讲坛哲学"的代名词。康德之前的哲学家都不是大学教授，例如笛卡尔、斯宾诺莎、莱布尼茨、霍布斯、洛克和休谟等，他们要么因为自己本身是贵族，要么因为得到贵族的资助而得以在大学校园外从事研究工作。然而与他们不同的是，康德作为一名站在大学讲坛上传道授业的哲学家横空出世并开启了属于他的时代，之后德国的费希特、谢林和黑格尔等哲学家也都沿袭了他的人生轨迹。

第二章 _____

康德的伦理革命
——从德性伦理到
义务伦理
《实践理性批判》

康德通过《实践理性批判》提出了一种符合近代生活的新伦理学。康德的"自由"概念赋予了无限渺小且有限的人类面对浩瀚宇宙的勇气，而这就是康德赋予我们的希望之基和尊严之源。

近代伦理学的开启

第二次哥白尼革命

前文以《纯粹理性批判》为中心探讨了康德为理论哲学带来的哥白尼革命及其影响。而现在，让我们聚焦于《实践理性批判》，来了解一下康德为实践哲学带来的变化。除了认识论，康德为伦理学也带来了巨大革新，这种革新同样也可以用哥白尼图式来概括。

在康德以前的伦理学中，"善"是核心，而"法"，也就是道德法则始终围绕其旋转。然而康德将这一切颠倒了过来，他用责任伦理取代了所谓德性伦理，用道德法则取代了赋予整个伦理学意义的太阳，并使善围绕道德法则旋转。这场伦理学革命与前文讨论的认识论革命具有相似的结构。

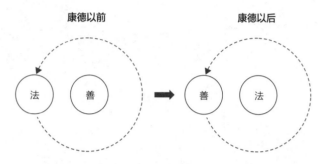

正如哥白尼改变了太阳与地球的地位一样，康德通过改变善与法的位置从而引发了一场伦理学革命。

那什么是"善"？什么是"法"呢？"善"意为"好的事物（goodness）"，好的事物就是能给我们带来快乐、让我们幸福的东西。"酒的味道很好！""食物的味道很好！"在这种表达方式中，这些可以给我们带来快乐、让我们感到幸福的东西便是"善"。

不管在东方还是在西方，传统伦理学的根本问题是追求"世界上最好的事物"，古代伦理学的首要任务就是找到使生活愉快、幸福的根本原理，即幸福生活的不竭源泉。

那么，幸福的源泉在哪里呢？有些人在金钱或权力中寻找它，有些人在感官享乐中寻找它，有些人则在工作或休闲中寻找它。然而古代哲学家却试图寻找一个能让我们永远开心的原理，比如客观上的永恒真理或神圣之物，主观上的正确理性使用或意志使用，这些都是快乐的不竭源泉，保障着我们的幸福生活。

因此，在古代伦理学中，"善"并不仅仅意味着好的事物，而且意味着理想上好的事物。古代伦理学并不仅仅希望通过"善"的理念来追求幸福的生活，它们所追求的终极对象是能够过上理想生活的方法以及成为过上这种理想生活的理想之人的途径。古代人关于"幸福生活是什么"这个问题就这样与"理想的人是什么""理想的生活是什么"的问题交织在了一起。

那么，在这种以"善"为本的伦理学中，道德法则的意义何在？其意义就在于它是过上理想生活的途径，同时也是成为理想人的规则。"善"不仅赋予我们生活以永恒的快乐，还使我们成为至尚的人，当这样的"善"成为伦理实践的目的时，那么为实现这个目的所需要采取的手段就是道德法则。

因此，道德法则本身并不具有独立地位，它完全取决于"善"如何建立。从这个意义上来说，道德法则只是围绕"善"旋转的卫星。

然而，康德彻底改变了"善"与"法"之间的这种关系。他用"法"代替了赋予整个伦理学以意义的太阳，而将"善"置于从属地位，即用以"法"为中心的伦理学取代了原先以"善"为中心的伦理学。随着这种地位的改变，"善"与"法"各自的含义也发生了变化。

至此，"法"成了社会成员可以达成一致的最低普遍规则，该规则必须具有绝对约束力，并且不允许有任何例外。符合这个绝对规则的行为被称为"善的""好的"或"善良的"，而违反这个规则的行为则被称为"恶的""坏的"或"罪恶的"。至此，善恶本身不再具有其独特的意义，而只是一个表达是否符合道德法则的谓词。

康德伦理学的时代背景

康德为什么要颠倒"善"与"法"的关系呢？要回答这个问题，就要考虑一下近代生活的特点。近代生活以城市为背景，而城市则是不同出身、不同教育背景、不同宗教信仰的人们不断集散的地方。

与此相反，古代人则生活在具有相同文化习俗和传统的共同体中，因此，共同体成员们的思维方式大体是相同的。对于人生中最好的东西（善）是什么这个问题，同质的成员之间并不难达成一致。同样，关于什么是理想的人、什么是最好的生活等问题，对于具有相同宗教、习俗和教育背景的人们来说，达成共识也并非是不可能的事。

然而，在一个由来自不同地方、不同文化、不同宗教信仰的人们所聚集形成的城市中，人们很难就什么是理想的人、什么是最好的生活达成共识。

比如，信仰上帝的人和不信仰上帝的人、穆斯林和基督徒等不同宗教信仰的人之间往往有着不同的人生观，而且这种宗教信仰之间的差异并不容易弥合，有时大到足以引发大规模的战争和恐怖主义。可以说，在不同风俗、不同信仰的人们之间，对"我应该如何生活"这个问题几乎是不可能达成共识的。

所以，越是不同文化背景的人群集散之地，越要少制定一些规则，这才是通往和平的正确道路。制定一个能够使成员之间和谐生活的最低规则，并无条件地遵守它，这才是和平共存的途径。以"法"为中心的伦理学正是在这种需求之上形成的，在以"法"为中心的伦理学中，道德法则具有普遍性和绝对约束力，在这个意义上，它们被称为义务。

康德是最早将近代生活所要求的这种义务的伦理学以完整的形式呈现出来的人，他将古代的德性伦理转换为符合城市生活特点的义务伦理。在康德以后的义务论伦理学中，理想的人不再是终极问题的对象，取而代之的是理想的法则。那么什么是理想法则呢？简言之，它是一项允许个人自由和社会正义的法则。

从德性伦理到义务伦理

古代伦理学寻求的是能够过上幸福生活的方法，它们将幸福生活的原理命名为"善"，西方的亚里士多德伦理学以及东亚的孔孟思想都是古代伦理学的代表。那么，为什么东西方这种以"善"为中心的古代伦理学被称为德性伦理学呢？

在西方，"德性"或"美德"这个词来源于拉丁语"virtus"，意思是"男性的力量"。在狩猎和农耕时代，保护亲人免受动物或敌人袭击的能力被看作男性的最高美德。然而，在文明社会中，精神力量被认为要远远优于肌肉力量，因此此时，"美德"指的是一种理想的价值，即对善进行内化时所产生的力量。

假如我们每天都锻炼体力，那么长此以往肌肉的力量就会增强，同样地，如果我们每天陶冶心灵，那么实践的力量也会增强。这种精神上的陶冶就是体悟"善"的价值的过程。努力锻炼实践能力，修身养性，并最终成为一个理想的人，这个过程就是对善进行内化并与善合一的过程。"善"被看作是德性这一道德力量的源泉，因此，以"善"为中心的伦理学就被称为德性伦理。

康德以前（古代伦理学）	
善	快乐、幸福的源泉
法	实现"善"的规则、方法
德性伦理	关于理想人与理想生活的问题，共同体主义

康德以后（近代伦理学）	
善	符合道德法则的行为
法	共同体成员必须遵守的普遍法则、义务
义务伦理	关于自由与正义的问题，个人主义

康德从以"善"为中心的伦理学中解放出来，提出了符合近代生活的以"法"为中心的近代伦理学。

这种德性伦理建立在一个成员之间有着共同的宗教和文化分母的社会中。因为成员之间共享同一种理想价值（善），所以在这种社会背景下，德性伦理与将共同体置于个人之上的共同体主义并驾齐驱。共同体主义认为，个人是在共同体中出生并成长的，个人的身份认同表现在自发地内化及捍卫共同体规范。

　　而与之相反，符合近代社会的以"法"为中心的伦理、即义务伦理则与个人主义并驾齐驱。与共同体主义不同，个人主义通常认为个人自由比共同体规范更为重要，没有任何价值高于个人的尊严。①

---

① 参见黄璟植《德性伦理的现代意义》（Acanet，2012），该书对德性伦理与义务伦理进行了详细的比较与说明。

自由，
神圣不可侵犯的人格尊严

人格的绝对尊严

位于康德伦理学中心的道德法则绝不是共同体强制灌输的某种规范，而是个人在他自己的良心中、在他对自由的体验中自我领悟到的某种东西。

然而，我们通常认为法则是外在的强制。中国古代的法家思想将人完全视为他律的存在并将政治的要领置于严厉的惩罚之上，正是基于这一认识。

而康德却认为，法则与个人的自律意志不可分割，道德法则源于个人意志的自由使用和决定，因而道德法则越普遍，那么它就越能证明以自律为特征的实践自由。

在康德伦理学中，自由是法则的源泉，法则是自由的具体依据，法则和自由就像一枚硬币的两面，是一个不可分割的整体。法则与自由融为一体所形成的这个中间厚度叫作人格，在人格中，人获得了不可侵犯的绝对尊严。

这个东西决不会低于那使人类提升到自身（作为感官世界的一部分）之上的东西……这个东西不是别的，正是人格，也就是摆脱了整个自然的机械作用的自由和独立，但它同时却被看作某个存在者的能力，这个存在者服从于自己特有的、也就是由他自己的理性给予的纯粹实践法则……人虽然是够不神圣的了，但在其个人中的人性对人来说却必然是神圣的……因为他凭借其自由的自律而是那本身神圣的道德律的主体。①

——《实践理性批判》全集　第五卷　第86—87页

<hr />

① ［德］康德，《实践理性批判》，邓晓芒译、杨祖陶校，北京：人民出版社，2003，第118—119页。

所谓不可侵犯意味着它在任何情况下都不能成为工具或者手段，换言之，它是"目的本身"。人凭借他的人格，获得了一种在存在秩序中作为最高目的而存在的权利，而伦理学就是对这种人的人格尊严的证明。

这里让我们重新回到康德哲学的三个根本问题上，即"我能够知道什么？""我应该做什么？""我能够希望什么？"[①]。

康德认为，这三个问题会聚并统一为一个问题，即"人是什么？"。他的这一观点可以从两个方面来解读，首先这句话暗示了只有通过"知""行为""希望"的可能性问题，才能回答关于人的本性的问题。

但是反过来，这句话也暗示了只有在对人的本性

————————

① 康德总是用双重观点来解答人类思维的这三个根本问题。一是界限的观点，二是自发引导的观点。因此，在第一个问题"我能够知道什么"上，感性直观被设定为知识的界限，知性的范畴被设定为知识的自发构成原理。在第二个问题"我应该做什么"上，道德行为的界限在于自由（道德法则）的不可理解，行为的自发构成原理在于对意志的自主立法和对道德法则的敬重（人格）。在第三个问题"我可以希望什么"上，希望的界限是道德法则（自由）与幸福的二律背反，而希望的自发投射原理是对感性理念的象征性反思或对至善的目的性反思。

的特定理解中，才能回答"知"、"行为"和"希望"的可能性问题。那么，这三个根本问题所期望或预设的所谓人的本性又是什么呢？

它指的是与某个遥远的地方发生联系，并在这个远程的关系中不断地陶冶和提升自己。在第二个问题"我应该做什么？"中，人的这种形象通过被概括为人格的伦理人性观得到了最清晰的展示。可以说，康德伦理学是支撑整个康德哲学的人性概念的基石。①

自由理念的特权地位

康德伦理学预设了人格这个特定的人性概念的同时，又以人格概念为前提。如前所述，人格由自由与

---

① 因此，仅仅在"德性伦理与义务伦理"的二分结构下探讨康德的伦理学是不公平的。康德无疑是从古代的德性伦理向现代的义务伦理转变的转折点，但他从未止步于此，他试图以新的法则概念来证明人的人格尊严，并以此提出了以新的自由概念为中心的无限自我陶冶的理念。在这一点上，可以说康德对于注重提升个人道德力量的德性伦理的拥护程度不亚于古代的任何哲学家。康德的这一倾向在他的最后一部关于伦理学的著作《道德形而上学》（1797）中得到了最好的体现。

道德法则的相互联结来定义，康德将其阐述为一种相互参照的关系。

即自由与道德法则之间存在着一种相互展现、相互证明的关系。法则是神圣的某种东西，但不是与意志隔绝的外在强制力。只有当法则源于意志自律，换言之，也就是源于实践自由时，它才被承认是真正的法则。

此时，康德强调自由不是直接体验到的，自由只能通过由它产生的道德法则来体验。[①] 人格主体在他内心命令的道德法则中看到他确信自由的证据，这是因为他知道没有自由（意志自律），法则就不会存在。人格主体确信他自身的自由，并最终获得了将整个理念世界视为一个充满意义的体系的视角。从这个意义上来说，自由是整个纯粹理性体系的中心。

---

① "正是我们直接意识到的道德法则首先展现在我们面前，而且由于理性把它呈现为不让任何感性条件占上风的、确实完全独立于它们的决定根据，所以道德法则就径直导致自由概念。"——《实践理性批判》全集　第五卷　第29—30页；参见［德］康德，《实践理性批判》，韩水法译，商务印书馆，1999，第30页。

自由概念构成了纯粹理性体系整体的拱顶石，而所有思辨理性中存留的其他概念（上帝的概念和灵魂不灭的概念）现在都依附于自由概念，与自由概念一起并通过自由概念得到安定和客观实在性……因为这个理念通过道德法则展现了自己。不仅如此，在思辨理性的所有概念里面，自由是我们可以先验地知道的唯一理念，因为它是我们所知道的道德法则的条件。

　　——《实践理性批判》全集　第五卷　第3—4页

　　拱顶石是放置在砖拱顶部并连接左右两侧的基石，康德强调，在纯粹理性的体系中自由有着与拱顶石一样重要的地位。道德法则所展现的自由不仅是伦理学的核心，同时也是整个纯粹理性体系的中心。为什么这么说呢？

　　因为在思辨理性的所有理念中，自由是我们唯一能够先验地知道的理念，只有在与这种自由理念联系起来时，所有其他的概念才有可能被具体理解，才能够获得客观实在性。就这一点而言，在理知世

界 ① 的理念中，自由具有非常独特且特权的地位，可以说，自由是通往理知世界的出口。

道德法则，"理性的唯一先验事实"

在深入探讨康德的自由概念之前，让我们先来看看康德关于自由与道德法则之间关系的思考。在《实践理性批判》（1788）之前出版的《道德形而上学探本》（1785）中，自由和道德法则被认为处于恶性循环中，因为自由是由道德法则展现的，同时也是道德法则的条件；自由是道德法则的依据，同时又以道德法则为依据。

然而，在《实践理性批判》中，自由和道德法则被描述为一种超出理性掌控的东西，它被言明是一种"纯粹理性的事实（Faktum der reinen Vernunft）"，它

---

① 理知世界（intelligible world）：从认识论的角度来看，这是一个无法通过感官经验进入的世界，只能通过超感性能力、知性或理性来猜测；而从存在论的角度来看，它被看作是位于现象背后的本体。

不可被理解且只能被接受为一种自明的事实。尤其值得注意的是，它被宣称是理性的"唯一"先验事实，而不是单纯的经验性事实。

为使伦理学成为可能，我们必须接受一个无法追溯其背后的根源性事实，而构成这一事实的两个方面正是道德法则和自由。

我们可以把这个基本法则的意识称之为理性的一个事实，这并不是由于我们能从先行的理性资料中，例如从自由意识中（因为这个意识不是预先给予我们的）推想出这一法则来，而是由于它本身独立地作为先天综合命题而强加于我们……必须十分注意一点：它不是任何经验性的事实，而是纯粹理性的惟一事实，纯粹理性借此而宣布自己是原始立法的。[①]

——《实践理性批判》全集　第五卷　第 31 页

① ［德］康德，《实践理性批判》，邓晓芒译、杨祖陶校，北京：人民出版社，2003，第 41 页。

道德法则是无条件强加给我们意识的东西，它拒绝被任何东西理性地阐释。面对这样一个法则，意识失去了一切能动性，从而被迫陷入完全的被动。然而，必须注意的是，只有在这种将被动性强加于意识的法则面前，意识才会察觉到理性的先验立法能力。

因此，康德将自由视为道德法则的存在根据（ratio essendi），将道德法则视为自由的认识根据（ratio cognoscendi）。自由和道德法则就像硬币的两面，它们对应着同一事实的两个方面：客观和主观。

这似乎是康德的最终结论，然而，要得出这个结论，康德的伦理反思还要经历一段非常复杂的过程。

现在让我们来简要总结一下康德得出关于自由的最终结论的过程，为此，让我们先从《纯粹理性批判》开始说起。

在《纯粹理性批判》的后半部，我们可以看到康德对"超越论的自由"的冗长而又严肃的讨论，然而在后来的作品中，这种"超越论的自由"却再未被提及，取而代之的是以意志自律为核心的"实践自由"。

那么，这两种自由之间有什么关系呢？

为此，我们先来了解一下什么是超越论的自由。简言之，《纯粹理性批判》中自由理论的出发点是"我思（cogito）"，而自由指的就是必须回到思维主体的纯粹自发性来进行把握。

在这里，康德所说的超越论的自由是一种能够展现与自然因果性所不同的其他种类的因果性的能力，最初引发因果连锁事件的纯粹自发的能力，就是超越论的自由。

超越论的自由引发的因果性自然不可能发生在现象世界（自然界）中，它只能够在现象世界背后的理知世界中被期待，因而它是一种不同于自然因果性的其他种类的因果性。那它是一种怎样的因果性呢？

它是一种当为（sollen）世界展现的因果性，是引发当为连锁的自由因果性。所以，超越论的自由这个概念基于对现象世界与理知世界的区分，在两个世界的分界线上建立起一个与自然因果性对立的自由因果性，而引发这个新的因果性的能力就被称为超越论的自由。

《纯粹理性批判》的前半部分讲的是在现象世界中，自然的机械因果性是如何发生的，而后半部讲的则是在区别于现象世界的理知世界中，与自然因果性相区分的自由因果性是如何展现的。康德试图通过这两个讨论得出一个结论，即：两个世界有共存的可能性。

有两个对自然与自由、存在与当为、事实与价值进行区分的世界，但这两个世界并不是相互矛盾的。在第一本批判著作中，康德试图从理论上证明，开启当为秩序的超越论自由与自然的因果必然性是可以并存的。

自由的不可证性

在《纯粹理性批判》之后的《道德形而上学的奠基》一书中，康德对此进行了进一步阐释，他指出，自由因果性并不满足能够与自然因果性并存，因此他又提出这样一种确信，即有可能证明自由因果性是客观实在的。

然而，问题是这个证明计划最终搁浅于半途，它停止在了最终证明的准备工作阶段。比如后来出现在《实践理性批判》中的"定言命令"[①]和"自律"等重要概念都是这项准备工作的产物。

最终，为这些概念奠定基础的最终原理——自由的客观实在性并没有得到证明。下面这段话出自《道德形而上学的奠基》的后半部。

如果理性胆敢去说明纯粹理性如何能够是实践的……这与说明自由如何可能的任务完全是一回事……但是，自由是这样一个理念，它的客观实在性不能以任何方式按照自然法则来阐明，从而也不能在任何可能的经验中被阐明。因此，由于它本身决不能按照任何一种类比来配上一个实例，所以它决不能被理解，哪怕是仅仅被了解。它只

---

① 定言命令（categorica limperative）是指无条件命令，而假言命令（hypothetical imperative）是指对更高条件或目的的命令。康德认为，道德法则以定言命令的形式表现出来，这一点是它与其他行为原则的区别性特征。

是被视为理性在一个存在者里面的必要预设。[1]

——《道德形而上学的奠基》全集 第四卷 第459页

这段话言明了这样一个事实，即整个伦理学的可能性最终取决于自由的可能性。也就是说，康德认为，整个实践规范的世界都是围绕自由的可能性构建的。因此，伦理学的首要任务自然就是对自由是什么以及它是如何可能进行具体探究。

然而，康德为完成这项任务所做的所有努力都陷入了迷雾之中。自由无疑是理性的必要预设，但关于它最终的结论却是：自由是一种无法举出具体实例、无法从概念上把握，以及无法被理性所洞察的不可理解的事态。面对神秘的自由理念，理性彻底变得无能与有限。

纯粹理性如何能够是实践的？一切人类理性都没有

---

[1] ［德］康德，《道德形而上学的奠基》，李秋零译，《康德全集》第4卷，中国人民大学出版社，2003，第467页。

能力对此作出说明，试图对此作出说明的一切辛苦和劳作都是白费力气。①

——《道德形而上学的奠基》全集　第四卷　第461页

康德将自由置于理性体系的中心，并不断努力地证明这种自由的客观实在性，但他最终意识到自由理念是无法被理解的，即从理论上对自由进行严格证明是徒劳的。因此，在《道德形而上学的奠基》之后的《实践理性批判》一书中，康德并没有试图证明自由的客观实在性。

他反而将自由视为一种"理性的先验事实"。由于自由是不能被解释或证明的，它被阐释为我们必然会遇到的某种主观事实或为使伦理学成为可能而必须预设的某种要求。

① ［德］康德，《道德形而上学的奠基》，李秋零译，《康德全集》第4卷，中国人民大学出版社，2003，第470页。

道德判断
是如何实现的

道德判断机制

在《纯粹理性批判》中，康德建立了一种新的心灵模型，并详细分析了理论判断的运作方式。同样，在《实践理性批判》中，他也提出了一种新的实践判断机制，这种机制可以整理如下图。

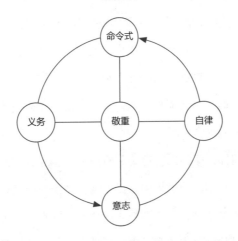

理知世界

这是一种发生在理知世界（理念的世界）中的伦理判断机制。在这里，在法的面前，人类处于被动义务和能动自律的境地。

在上图中，首先要注意的是中心垂直轴，只有通过这个轴，作为道德法则的命令式（定言命令）和作为道德行为主体的意志才能建立联系。

对于康德而言，道德主体意味着什么呢？借用卡夫卡的小说《在法的门前》[①]中的话来表述的话，道德主体

———————

① 卡夫卡的小说《在法的门前》隐含了对康德伦理学的讽刺。

就是"法的门前的人"或"在法的门前的人"。康德认为，脱离法则的道德主体或道德实践是不可想象的。

之前我们看到，康德将理论判断定义为先验综合判断。理论判断是由感性直观的内容和知性的先验规则（范畴）结合而形成的，从这个意义上来说，它是一种先验综合判断。

同样，康德也将道德判断视为先验综合判断。只不过，在实践的世界中，提供定言命令这个先验规则的并不是知性，而是理性。这个先验规则，即定言命令与经验世界中的意志内容相结合，从而产生先验综合判断。

然而，意志是以两个方向或两种方式与定言命令相联结的，它由上图中所示的左右两个轴表示。左轴表示的是道德法则的强制力，在定言命令面前，意志只能被被动强制，意志必须将道德法则的命令视为义务。

但是，意志在法则面前也处于能动地位，这种地位由右轴表示。意志不仅自发承认法则，还自己制定法则，更为准确地说，意志只将它自己制定的法则作为义务。意志不仅处于被动服从道德法则的地位，还处于能动自律的地位。道德主体必须只服从于他们自己建立的法则，这是指引康德伦理学的基本直观。

意志，道德判断的主体

那现在开始，让我们依次探讨一下上图中的主要概念。首先是意志（will），在康德看来，意志是一种欲望。[①] 这里可以回想一下前文的内容，康德提出了三种高级的认识能力，它们分别是认识（知）能力、欲望能力，以及情感（愉悦—不愉悦）能力。其中，欲望是开启实践世界大门的第一能力或高级能力。

欲望能力与认识能力形成对比。如果说认识能力仅限于对对象进行反映，那么欲望能力就可以实际生成被反映的对象；如果说认识能力可以使事物呈现在人的心灵之中，那么欲望能力就可以使心灵中的事物成为现实。欲望是一种使事物成为客观实在的生产能

———————
① "欲望"的德语单词是"Begierde"，但在韩国通常被翻译为"欲求"。

力，而不仅仅是将事物怀于心灵之中。欲望是一种使反映对象成为实际存在的因果执行能力。

有很多东西可以刺激这种欲望，比如像金钱、食物和酒精这种可以满足生理冲动的物质，以及喜怒哀乐等各种情感。

然而除此之外，还有其他一些东西可以刺激或动摇欲望，比如良心。可以被纯粹的精神表象动摇的，就是人的欲望。那么，刺激欲望的良心是什么呢？

对于康德而言，良心就是理想法学家的良心。在制定法时，追求立法的理想法学家必须要考虑正义。那么，我们所能想到的最正义的法是什么呢？

用康德的话来说，正义之法必须对所有人普遍适用，而且越普遍，法就越不能含有某种具体内容。因为如果含有特定内容，法就只能适用于特定案件。因此，法越理想，其内容就越少，法最终只能以普遍的立法形式作为内容。

当欲望被这种普遍的立法形式所激发时，即当它被理性规则所定义时，它就被称为意志。因此，意志虽然是一种欲望，但它不同于由情感或肉体冲动定义的激情欲望。意志是一种由理性激发的欲望，理性探索的是对所有人普遍公平的规则的条件是什么，这种被理性激发的欲望被称为"善良意志（good will）"。

康德再三声明，"只有善良意志是绝对善的"。无论实践主体如何，善都不是客观实在的，它只是由实践主体所生成的某种东西。善不过是自行寻找理想法则的条件并根据这个条件进行实践时所产生的意志的属性。[①] 在行为、道德和实践的世界中，主体就是意志。

意志是一种生产能力，它将仅仅是观念的表象生产为现实的某种东西，而且这种生产必须遵循对所有人普遍有效的立法条件。康德所说的定言命令指的就是对意志进行规定的普遍立法的形式条件。而反过来，只有当意志遵循这个定言命令时，意志才能是善的。

---

① "善恶概念不是在道德法则之前，而只能是在道德法则之后由道德法则规定。"——《实践理性批判》全集第五卷　第63页

敬重，道德判断的动机

了解完意志之后，再来看看敬重（respect）。准确来说，所谓敬重指的是"对道德法则的敬重"。康德在敬重中找到了使道德判断发生的"动机"，"动机"的德语是"Triebfeder"，意为"动力"，用现在的话来说，就是相当于发动机或电动机等动力装置的用语。

一辆汽车无论由多少部件组成，如果要启动，它就首先必须要有一个引擎。同样，虽然道德的善良判断只有在满足诸多条件时才能成立，但若要使整个道德判断机制运转，就必须要有敬重。

康德把"敬重"的对立面称为"偏好（inclination）"。偏好指的是我们因为具有身体而产生的一切冲动、本能、情感和情绪等。在许多情况下，欲望往往是由这种偏好驱动的，尤其是欲望经常由情感激发。

这就是为什么一些哲学家认为道德源于善良的心或利他的情感，尤其是包括休谟和哈奇森在内的许多与康德同时代的英国哲学家认为道德源于同情或怜悯等心理状态。康德虽然曾经追随过这些理论，但他最终超越了它们并提出了一种新的道德判断模型。

康德认为，好的情感和坏的情感都是一种偏好，并且无论是多么利他的情感，由它所激发的欲望都不具有道德上的善良价值，任何由偏向引起的行为在道德上都是没有意义的。

假设一个人看到一个乞丐心生怜悯给了他钱，这种行为通常源于同情、慈悲或恻隐之心。但这些情感都属于偏好，因此，由它们所激发的行为在道德上是没有意义的，这种行为既不是善行，也不是恶行。在康德看来，善恶的道德价值必须在激发行为的动机中寻找，只有当行为的动机是对道德法则的敬重时，行为才被承认具有善良价值。

敬重是对道德法则所激发的意志的称呼，正如康德称道德法则为"理性的唯一先验事实"一样，敬重又被称为"理性的唯一先验情绪"。[1] 这可以说是一种

---

[1] "因此，对道德法则的敬重是一种情感，它作为一种基于知性产生的情感，是我们能够完全先验地认识、同时也是我们能够洞察到其必然性的唯一情感。"——《实践理性批判》全集 第五卷，第73页

跟"圆形的四边形"一样的矛盾修辞。因为情绪以身体的刺激作为预设，因而它只能在经验领域成立。超出了理论解释范围的实践理性不可被理解，这是"理性的唯一先验情绪"这种悖论的表述产生的原因。

康德的伦理学是在现象世界彼岸的理知世界中展开的。如果说知性是通过范畴组织起现象世界，那么理性就是通过自由、灵魂、宇宙和上帝理念构建起理知世界。这个理知世界是一个超感性的世界，因而这里不可能存在任何情感。然而，康德提出了一个例外：这里存在着敬重这个唯一的先验情绪。

这似乎是一个巨大的矛盾，因为伦理道德的世界建立在一切情感的彼岸，但现在它又将情感置于这个世界的中心。一切情感都是通过肉体发生的，所以它们只能是后验的。然而，只有对道德法则的敬重例外，它是在先验世界或超越论领域建立起来的情感。

为什么康德要做这样一段相互矛盾的表述呢？这是因为如果没有情绪性的东西，那么道德判断就无法启动。正如没有心脏，血液就不能循环一样，没有敬重情感，意志就无法转化为行动。敬重是根据道德法则进行实践的动力。

康德还指出了一种与敬重相类似的情绪——"钦敬（admiration）"。在笛卡尔的《论灵魂的激情》中，钦敬被看作是一切激情之根源的原始激情。除此之外，康德的敬重也可以与性理学的"敬"思想进行比较，退溪李滉[①]在《圣学十图》中将整个性理学总结为一个字——"敬"，这一思想可以与康德伦理学作对比。[②]

自律，积极意义上的自由

现在让我们来看看自律（autonomy）。在康德哲学中，"自律"指"意志的自律"。意志自律对区别于"超越论自由"的"实践自由"进行定义，如果说超越论自由是在理知世界中启动当为因果链的能力，那么

———————

[①] 李滉（1501—1570），号退溪，朝鲜李朝唯心主义哲学家，朝鲜朱子学的主要代表人物。——译者注
[②] 参见金上焕，《金洙暎与〈论语〉》（Book Korea，2018）第253页，该部分对性理学的"敬"和康德的"敬重"进行了比较。

实践自由就是在现象世界中自行制定自己所必须遵循的法则的能力。

在康德看来，实践主体是在法面前的主体，同时也是隶属于法的主体。然而，这个主体有权只服从于它自己确立的法则。自律以自我立法（self-legislation）能力为核心，自我立法就是自行对特殊主观行为准则的条件进行设定。在这种自我立法行为中，意志超越了单纯在"法的面前"被约束的存在者这个角色，从而感受到了"法的彼岸"的自由。

康德认为，自由可以意味着摆脱机械因果性或必然性的能力，以及能够克服动物性（偏好）的能力。然而，这只是消极意义上的自由，积极意义上的自由在于意志的自律。

自律这一概念最早出现在卢梭的政治哲学中，后来康德将它引为伦理学的核心概念。卢梭的《爱弥儿》和《社会契约论》出版时，康德已年近四十岁。当时流传着这样一则逸事，说康德被卢梭的作品深深打动，以至放弃了每天出门散步的习惯，终日沉迷于阅读。

可以说，在康德伦理思想的源泉中，卢梭的思想占有重要的一席之地，尤其是卢梭提出的自律这个新的自由概念，起到了对康德伦理学进行指引的先导作用。

自由常常与不受任何规则约束的放纵混淆。而卢梭却告诉我们，自由以规则为前提。以何种规则为前提呢？这里卢梭给出了两个答案。首先，对责任和义务作出规定的规则。自由并不意味着可以做任何事情，只有当自由与责任或义务相伴而行时，它才能成为有意义的自由，而规定这种责任与义务的，就叫规则。其次，对责任和义务进行规定的规则不能是外部强加的，而必须是行为者自己制定的规则。行为者必须接受这种自律地建立起来的规则的命令为义务，正是基于这种自由观念，近代的民主主义才得以建立起来。

然而，康德认为，这个规则要成为道德法则，还需要一个额外的条件。那就是这个规则必须是一个没有具体内容的、只指示一种普遍形式的规则，康德的定言命令理论就是对这一点进行阐释的理论。

定言命令，普遍立法的形式

康德认为，道德法则和自然法则一样，必须始终具有普遍性和必然性，具有普遍性和必然性的道德法则被称为定言命令。严格来说，定言命令既是一种法则，同时也是一种指向普遍立法的形式条件的法则。要具体理解这一点，就有必要将定言命令与其他两种规则进行比较。定言命令一方面与准则（maxim）形成对比，另一方面又与假言命令式形成对比。

我们先来看看准则。准则是个人或特定人群所采取的主观行动原则，它虽然也是一种规则，但它不是随时随地适用于所有人的规则，因此，为了与法则区分开来，它被命名为准则或格律。每家企业的 CEO 都会根据自身实际情况树立自己的经营方针，例如，有的管理者重视"人和"，有的管理者重视"效率"，有的管理者则重视"创造力"。

个人也是如此，人在人生道路上彼此遵循着不同的行动方针。例如，有人坚持"有所欠必有所偿"，有人认为友情重于金钱，有人则认为工作重于友情。

这些准则都反映了个人或组织所处的具体境况，它们并不是一切理性主体随时随地都能普遍接受的准则。

定言命令指的是一个具有普遍约束力的原则，它能够被这个世界上的一切理性行为者所接受。然而，这个原则无法像准则那样具有特殊的内容，因为如果它具有某种内容的话，那它就只能在内容所限定的范围内才具有有效性。因此，为了成为普遍的东西，法则必须放弃内容，只具备形式。

那应该具备怎样的形式呢？这个形式只能是普遍立法的形式。当一个原则指向的是可以使其具有普遍有效性的形式条件时，那它就可以是绝对普遍的。定言命令就是如此为使一个个人的准则具备形式条件而对其进行命令的法则，康德将这个定言命令置于以下命题中：

要只按照你同时能够愿意它成为一个普遍法则的那个准则去行动……要这样行动，就好像你的行为的准则应当通过你的意志成为普遍的自然法则似的。①

——《道德形而上学的奠基》全集　第四卷　第421 页

　　每个人都有自己不同的生活准则，每个学校都有自己特定的教育方针，每家公司也都有自己不同的管理方针。定言命令命令我们查明这个具有特定内容的方针是否是任何理性人都可以接受的原则，只有在具备这种可能性的情况下，该准则才被采纳为实践法则。

　　这就相当于对一个准则进行普遍性检查的命令，即检查自己所想的行动原则是否能够像自然法则一样适用于所有人，只有当这个准则通过了普遍性检查时，才能根据这个准则去行动。

　　比如，有一个方针允许人根据具体情况撒谎或违背约定，如果这个方针被所有人普遍采用的话将会如何呢？后果自然是约定和信任将不复存在，而方针本

---

① ［德］康德，《道德形而上学的奠基》，李秋零译，《康德全集》第 4 卷，中国人民大学出版社，2013，第 428—429 页。

身也会因此失去立足之地。

定言命令命令我们：只能将即使普遍适用于所有人也不会陷入这种自我矛盾的准则作为行动原则。这个定言命令不存在任何可能因情况或因人而异的特殊内容，因为，它命令我们：一个问题的准则，无论其内容如何，只有当确信它是可以适用于所有人的普遍法则时，才能够按照这个准则去实践。

在这一点上，定言命令又与假言命令形成对比。在对目的进行限定的情况下，指示为达到这个目的所必须采取的措施的命令，就是假言命令。简单来说，假言命令的形式就是："如果你想要 X，就做 Y。"例如，面对"如果你想变得富有"或"如果你想保护你的家人"这样的指示目的的条件句，理性人必然要采取某种行动原则，而指出这些行动原则的就是假言命令。

这个假言命令同样必须具有特殊内容，因为它必须满足特定的条件，因此它只具有相对有效性。相反，定言命令是无条件命令，它命令的是：无论目的、情况或背景如何都必须始终绝对遵守的义务。

康德伦理学最大的特点就是从道德法则中去除了内容。他认为，无论内容如何，都必须遵循普遍有效的立法形式来建立自己的行动方针。如果说康德认识论的独创性在于将时间从自然运动中解放出来并引入意识中，那么康德伦理学的独创性就在于此。即康德认为，理性人的意志所自律制定的法则不应该是相对于特定内容或目的的法则，而应该是指向普遍立法形式的法则。

最后，要注意的一点是，定言命令的公式并不止有一个。前面提到的"要只按照你同时认为能够成为普遍法则的准则去行动"，叫作普遍性公式，当然，这无疑是能够代表定言命令的最典范的公式。但除此之外，康德还提出了包含人的自我目的、意志自律和目的王国等内容的其他公式。

这些公式分别是"人是目的，而不是手段""将所有意志主体视为自律的立法者"，以及"仿佛你是目的王国中的一员来判断"。与普遍性公式不同，这些公式都具有一定的内容，但康德认为，当我们依赖于这些内容时，我们就满足了普遍性公式的要求。

从这一点来看，无论是孔子的"己所不欲，勿施于人"，还是耶稣的"己所欲施于人"，这些准则都非常接近于定言命令。

义务、当为和责任

如果说道德判断的原理是定言命令，那么定言命令所要求的行为就被称为义务（duty）。作为道德判断的最终结果，义务意味着道德行为。道德行为首先必须符合道德法则，但遵守道德法则只是义务的客观条件，除了这些客观条件以外，义务还具有主观条件。

义务的主观条件在于"对道德法则的敬重"。虽然可能存在着某种缺乏敬重这个主观条件而又仍然符合道德法则的行为，但这种仅满足客观条件的行为还不能被称为善行，它只是合法行为而已。

对道德性与合法性进行区分是揭示康德伦理学主要特征的关键，康德伦理学之所以被称为义务伦理学，就是以这种道德性与合法性的区分为背景的。这种区分始于两种行为的对抗，一种是"符合道德法则的行为"，另一种是"依据道德法则的行为"（《实践理性批判》，第5卷，第71页）。

符合道德法则的行为指的是表面上无法与义务区分开来的行为，两者在结果上是相似的。就结果而言，某种行为可能与义务相同，但它仍然不能被称为道德行为，因为两者的动机可能不同。比如，一个人要捐赠大量财产，其捐赠动机可能是为了获取更多的财富或寻求其他的利益，这种行为在结果上虽与义务一致，但在动机上却与义务完全不同，因而不能被称为道德行为。

与之相反，依据道德法则的行为指的是以尊重道德法则为动机的行为。康德只承认源于敬重这一动机的行为是道德行为，在结果上符合道德法则的行为虽然可能是合法的，但它可能并不是道德的。

康德伦理学中出现了一些与义务相似的概念，要注意不要混淆。这些类似于责任的概念包括当为（sollen）和责任（obligation）。"当为"是《纯粹理性批判》中所主要使用的概念，表示的是一个二元构图的一个维度，在这个二元构图中，经验世界（现象世界）和自然因果性的秩序构成了存在（sein），而理念世界（理知世界）和自由因果性的秩序则构成了当为。①

不过，当为并不仅限于指道德维度，它与义务一样，也指道德意志的使用或道德行为。所谓当为，即遵循理念的意志规定或依据自由因果性的自发行为，在这一点上，它不同于遵循经验法则或偏好的自然行为。虽然在《实践理性批判》中，区分道德行为和合法行为非常重要，但在《纯粹理性批判》中，对前一阶段进行区分，即区分道德行为和自然行为才是关键。

另一个与义务相似的术语是"责任"。在西方，责任一词对应的是"responsibility"，这种语境下，责任指的是对义务的主动、自发的承担义务。而与之相反，

---

① "sein"与"sollen"亦被译为"实然"与"应然"。顾名思义，存在或实然指"事物实际上是什么样子的"，当为或应然则指"事物应该是什么样子的"。——译者注

"obligation"对应的责任一词则意味着对义务的被动、强制性的承担义务，这种意义上的责任与其说是类似于义务的行为，倒不如说是义务的下位因素，它指的是通过义务表现出来的道德法则的实践必然性。

"责任"（obligation）这个术语的德语单词是"Verbindlichkeit"，词根"Binden"意为"捆绑"。正如这个词干所暗示的那样，责任意味着义务的绝对约束力。义务要求不允许任何例外的责任，在这一点上，义务区别于当为。因为在经验领域中，当为虽然应该被执行，但也有不被执行的可能性。而相反，义务是必须被执行的行为，是必须无条件履行的责任。

至善与伦理学的要求

传统伦理学的二律背反

在康德的"三大批判"著作中，辩证论总是伴随着分析论。分析论是剖析意识并积极推导其背后的先验原理的部分，而辩证论则是对过去的一些主要理论进行系统性推翻的部分。黑格尔的辩证法就是源于对康德辩证论（尤其是第一批判中的辩证法）的痴迷。今天一提到解构主义，我们常常会想到德里达，但其实早在康德的辩证法中就可以找到解构主义的雏形。

在《实践理性批判》的结尾部分，康德阐述了辩证论。这里康德解构的对象是构成亚里士多德之后的西方伦理学的两大山脉——伊壁鸠鲁主义和斯多亚主义。伊壁鸠鲁学派是雅典哲学家伊壁鸠鲁创立的学派，主张通过愉悦、快乐来追求幸福。而斯多亚学派则是芝诺在继承柏拉图和亚里士多德思想后创立的学派，主张通过德性的实现，即所谓对规则的严格遵守和禁欲式的自我节制来追求幸福。

康德将这两个学派的论点统合为一个二律背反，即赋予两个学派的论点以同等的有效性，但又使它们相互对立、构成矛盾。事实上，以斯多亚主义为代表的德性主义似乎意味着对快乐（幸福）的摒弃；反之，以伊壁鸠鲁主义为代表的享乐主义则似乎与德性追求格格不入。

康德认为，从这种二律背反关系上来看，两个学派所追求的善（伦理价值）都只是部分的善，因为他们都受制于对方的价值，因此它们远未达到"最高的善"（最完整、最理想的善），即"至善"。这两个学派只是表现了至善在二律背反关系中所具有的两个方面而已。

谈及此，康德认为，伊壁鸠鲁主义和斯多亚主义的二律背反可以成为通往至善定义的垫脚石。那么至善在哪里呢？至善不能仅从实现德性或追求快乐中寻找，只有在同时实现德性和快乐的条件下，才能期望至善。至善意味着德性与幸福像硬币的两个面一样形成一个不可分割的统一体的状态。

康德认为，为了使伦理学成为可能，德性越高，能够享有的快乐就应该越多，因此也就应该越幸福。越是遵守规则、坚守良心，幸福就越能够得到保障。然而，问题在于，在经验世界中，德性与幸福就像水火一样相互排斥。

让我们举个例子来说明一下。不难看出，越是落后国家，德性与幸福就越成反比，因为比起遵守规则的人，那些打破规则的人往往更有可能获得权力、财富并成为赢家。社会越倒退，幸福与德性、快乐与道德法则之间的距离就越大；同样，我们也可以看到，一个社会的教育水平越高，那就越会出现与落后国家相反的情况，即遵守规则的人往往能够成为赢家并获得更多的奖赏，此时幸福与德性是成正比的，这就意味着这个社会能够享有与道德水平成比例的更多的幸福。

所谓发达国家，可以说就是一个德性追求最终延伸为幸福追求的社会。而历史的进步，也可以说是一个德性与幸福之间的距离逐渐缩小的过程，换句话说，就是一个逐渐向至善理念靠近的过程。

实践理性的公设

然而，在康德看来，无论历史如何随着时间的推移而进步，德性与幸福之间的距离都始终无法完全消失，在历史的世界里，也就是在现象世界里，这两种互斥的价值是没有接点的。尽管如此，为了维持"我能希望什么？"这个理性的美的兴趣，就必须预设对至善的可能性的确信。

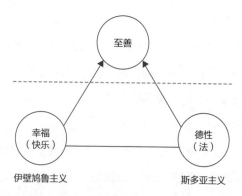

康德将理知世界中幸福与德性的接点称为至善。

我们不仅要与道德生活成正比地去讴歌幸福，还必须能够相信德性与幸福的完全统一，即至善的可能性，这样我们才能踏上道德实践与自我完善的道路。因此，康德在现象世界的彼岸世界建立了一个至善的可能性，即从现象世界开始，德性与幸福之间的距离不断缩小，直至彼岸的理知世界，两者最终实现统一。

在康德看来，"至善"意味着德性与幸福的统一。虽然我们在现实生活中无法达到"至善"，但为了构建完整的伦理学，我们必须以"至善"为前提。不仅如此，为了使作为伦理学基础的"至善"成为可能，我们必须接受数个理性上无法证明的公设，就像一切几何证明最终都需要一个无法证明的公理一样。

在《道德形而上学的奠基》中，我们并没有看到至善理念及其引出的公设理论，直到《实践理性批判》的辩证论中，它们才首次出现。根据这一理论，为了使至善成为可能并确保对这种可能的确信，实践理性必须最终提出三个公设——即灵魂不朽、自由意志和上帝存在。

康德认为，灵魂不朽是从德性到达至善的核心，它对应着至善的主观条件，是使道德主体在现象世界和理知世界中不断追求道德完善的条件。这是因为遵守法则的能力及进而为普遍法则自律立法的能力是一项无止境的任务，它必须一直延续到死后。

同时，上帝存在是从幸福到达至善的核心，它对应着至善的客观条件，是与德性成比例地配享幸福的条件。上帝存在被设定为道德生活的奖励者和幸福的分配者。

然而，倘若不是通向自由，那上帝存在与灵魂不朽的理念将会变得空洞。这种情况下，上次存在和灵魂不朽的理念只是宗教信仰的对象，没有任何伦理意义，理知世界的理念只有在与自由理念相关联时才具有伦理有效性。

当然，此时的自由，是在理知世界中建立因果秩序的超越论的自由，而且由于这种超越论的自由本身是不能被证明和理解的，所以只能将其作为一个公设。

这里让我们回顾一下出现在《纯粹理性批判》序

中的那句话批判纯粹理性的目的是"悬置知识，以便给信仰腾出位置"。[①]这里所说的信仰并不是宗教信仰，而是道德信仰，而且这种道德信仰是以超越论自由的可能性为基础。

在《实践理性批判》中，康德以这种超越论的自由为垫脚石，得出了"积极的自由"理念——即意志自律。并且他认为，只有在与这种实践自由的理念相联结时，一切理知世界的理念才获得客观实在性，而这就是康德伦理学将实践自由作为整个理性体系的拱顶石的原因。归根结底，赋予道德规范的世界、当为的世界以具体而生动的意义的，正是自由理念。

头顶的星空与心中的道德法则

1804年，康德去世，享年八十岁。当他去世时，成千上万的人聚在一起赞颂他的伟大人生。而在他的墓碑上，刻着这样一句话：

---

① 此句话出自《纯粹理性批判》序部分，此处原文作"结尾部分"，为作者笔误。

在我之上的星空和居我心中的道德法则。

The starry heavens above me and the moral law within me.

这是在康德的众多著作中唯一被采撷出来的一句话，它出自《实践理性批判》结语第一部分中的一段话。虽然这段话有些长，但在这里我们不妨完整引用一下。

有两样东西，我们愈经常愈持久地加以思索，它们就愈使心灵充满日新又新、有加无已的景仰和敬畏：在我之上的星空和居我心中的道德法则……前者从我在外在的感觉世界所占的位置开始，把我居于其中的联系拓展到世界之外的世界、星系组成的星系以至一望无垠的规模，此外还拓展到它们的周期性运动，这个运动的起始和持续的无尽时间。后者肇始于我的不可见的自我、我的人格，将我呈现在一个具有真正无穷性但仅能为知性所觉察的世界里……前面那个无数世界的景象似乎取消了我作为一个动物性创造物的重要性，这种创造物在一段短促的时间内（我不知道如何）被赋予了生命力之后，必定把它所由以生成的物质再还回行星（宇宙中的一颗微粒而已）。与此相反，后者通过我的人格无限地提升我作为理智存在者的价值，在这个人格里面道德法则向我展现了一种独立于动物性，甚至独立于整个感性世界的生命。①

——《实践理性批判》结论　第五卷　第161—162页

这段文字的大意大致是：有两样东西使我越想越惊叹、越战栗，一个是头顶的星空，一个是我心中的道德法则。越仰望星空，我生活的这个地球就越渺如尘土，当我的思想延伸到浩瀚的宇宙时，我的存在就变得无限接近于虚无。作为动物性生物，我最终只能化作尘埃、回归到自然之中。

然而，我心中的道德法则却唤醒了我作为一个理

---

① ［德］康德，《实践理性批判》，韩水法译，商务印书馆，1999，第177页。

智存在者的记忆，并赋予我对永恒世界的信念。在浩瀚无垠的宇宙面前，我只能感受到无限的有限，可当我想起自己心中的道德法则时，我就从这种虚妄的情感中挣脱了出来，并听到了加之于全人类的、超越了情感的使命的召唤。在这如宇宙般广阔而崇高的使命感面前，我战栗不已。

为何如此呢？是因为我心中的道德法则向我展现了自由，也因为这种自由使我成为一个不同于自然事物的人格主体。是自由，使我的精神高尚；是自由，赋予了我一个不可侵犯的高贵人格。我心中的道德法则就是我内心自由的有力证明。

自由将我提升到一种有着无限高度的使命感中，它给予我面对不变宇宙的勇气，也给予我为全人类共同的道德使命而献身的勇气。

"在我之上的星空和居我心中的道德法则"这句摘自《实践理性批判》结论部分的话，在《判断力批判》中论述崇高主体的部分又再次出现。

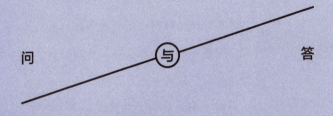

问 与 答

康德为什么要撰写"三大批判"呢?

　　康德生活的十八世纪下半叶,是一个劳动与社会剧烈分化、学问与价值剧烈分化的时期,这一时期的哲学也面临着与一般科学分离、找到自己固有地位的任务。而在哲学的近代地位及同一性的确立上,康德正是影响最大的哲学家。

　　如果科学的任务是向未知领域扩展知识,那么哲学的任务是什么呢?康德认为,哲学的任务不在于与科学竞争、了解未知的东西,而是对我们已知的东西进行批判。

这里所说的批判始于揭示事物的根据或前提，即事物的可能性条件。所谓批判，就是阐释一般经验的可能性条件，并根据这些条件判断个别经验的普遍性主张是否合理。打个比方，如果可以将科学家比作想要增长财富的商人的话，那么哲学家就可以比作研究相关商业活动的法律条件的律师。

不仅如此，十八世纪后半叶还是理论、实践和艺术各自追求自己独有的价值，从而建立独立领域的时代。理论追求真理的价值，实践追求善的价值，艺术则追求美的价值，而康德的"三大批判"分别揭示了理论知识、实践行动和艺术创作的可能性条件有何不同，从而论证了它们各自的有效性领域之间的差异。

比如，在探索理论知识时，我们必须摒弃伦理规范的观点；在判断艺术美感时，我们不能受理论客观性标准的束缚；在判断道德行为的价值时，我们则必须依据与对科学行为或艺术行为进行判断时不同的原理。

康德试图通过"三大批判"依次阐释理论知识的客观性的判断标准、实践行为的道德性的判断依据，以及艺术创作的审美价值的判断原理；同时他试图回答三个问题：关于自然的科学知识如何成为可能？具有普遍有效性的道德行为如何成为可能？为什么审美判断可以像科学知识一样具有普遍性？

康德认为，解决这些问题的原理其实都潜藏在我们的内心之中，康德的批判哲学归根结底就是这样一部作品：通过剖析心灵，揭示理论、实践和艺术的普遍性如何基于不同的可能性条件，从而如何统率不同的有效性范围。

第三章 _____

康德的美学革命
——近代美学的奠基
《判断力批判（上）》

在《判断力批判（上）》中，康德提出了崇高美学，从而颠覆了过去一直被"和谐美学"禁锢的艺术哲学。康德不仅打开了近代美学的大门，还奠定了后现代美学的基石。

第三次哥白尼革命

康德之所以被视为近代美学的奠基人，是因为他不仅发现了审美体验的独特特性，还为对审美判断[①]的普遍有效性进行正当化论证开辟了道路。而在解决这两个问题时，康德创造性地引入了"反思性判断"这个概念，由此在哲学史上引发了又一场哥白尼革命。

如前所述，康德将以对象（物自体）为中心的认

[①] 审美判断（aesthetic judgment）：分为以"美"为对象的趣味判断（judgment of taste）和以"崇高的大小"为对象的崇高判断（judgment of the sublime）。康德研究者有时也将其翻译为"美感判断"。

识论转换为以主体为中心的认识论，即主张对象（现象）是由主体内部的先验原理产生的。除此之外，康德还将以"善"为中心的伦理学转换为以"法"为中心的伦理学，即主张不是以善为标准得出道德法则，而是以道德法则为标准来定义善。

而到了这一部分，康德转而将普遍与特殊的关系视为主要问题。理论判断与实践判断都以普遍者（概念、法则）为中心，并通过普遍者来对个别对象或行为进行定义。然而，始终有一些东西顽固地拒绝被还原为普遍者，根据现有的阐释模型来看，它们似乎都是些偶然的、异质的或毫无意义的东西。

那么面对它们，我们应该怎么做呢？自然是要找到一个新的、可以阐释它们的普遍者或模型。康德将这种从偶然事实上反思出新的普遍者的判断命名为"反思性判断（reflexive judgement）"，并将其与"规定性判断（determining judgement）"区分开来，而后者则是从普遍性的概念身上得出某个特殊事实的判断。

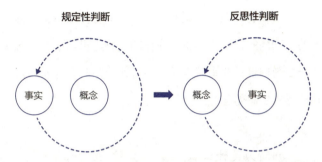

规定性判断　　　　　　　　　反思性判断

事实　概念　　　➡　　　概念　事实

在艺术哲学中，为了从理论上证明审美判断的普遍有效性，康德首次引入了"反思性判断"这个概念，从而又引发了一场哥白尼革命。

在反思性判断中，除审美判断外，还有目的论判断。康德认为目的论判断是一种比审美判断更为普遍的反思性判断，此时目的论判断指的是对看似偶然的自然现象做出的判断。具体来说，对以科学为依据的一般理论或概念难以准确规定的现象赋予某种可规定的形式，这就是目的论判断。

《判断力批判》的前半部论述了审美判断，后半部论述了目的论判断。审美判断和目的论判断的共同点就是，它们都与有生命的事态相关。审美判断始于一种（在美或崇高的体验中引起的）有生命的心灵的状态，后文将对这一点进行详细说明；而与此相反，目的论判断则是探索有机生命体的固有逻辑。审美判断与主观内部的生命感有关，而目的论判断则与外部自然界的生命体有关。

判断力是什么

那么，《判断力批判》标题中的"判断力"是什么呢？判断力是一种介于知性和理性之间、连接普遍与特殊的能力。为了更好地理解这一点，让我们回顾一下康德在《纯粹理性批判》中提出的认识能力理论。

康德认为在我们的心灵中有三种高级能力，它们分别是认识能力、欲望能力和情感能力（愉悦—不愉悦）。这些能力分别代表着理性的三种兴趣：认识能力代表着思辨的兴趣（我能够知道什么？），欲望能力代表着实践的兴趣（我应该做什么？），情感能力则代表着美的兴趣（我能够希望什么？）。

对于追求思辨的兴趣的认识能力来说，知性是其主要立法者；而对于追求实践的兴趣的欲望能力来说，理性则是其主要立法者。那么，对于追求美的兴趣的愉悦—不愉悦的能力，即情感能力而言，谁扮演着立法者角色呢？

那就是判断力。这个由判断力提供规则的情感领域，一方面连接着认识，另一方面又连接着欲望，可以说，情感处于认识和欲望的中间地带。因此，作为情感领域的主角，判断力自然也应该位于（思辨兴趣的解困者）知性和（实践兴趣的解困者）理性之间。因为知性和理性分别是认识领域和欲望领域的立法者。

正如前文中所介绍的，知性通过调动范畴在现象世界中建立法则，理性则依靠理念在理知世界中建立秩序。那么，判断力又是根据什么原理在愉悦—不愉悦的领域建立规则的？当判断是反思性判断时，那这个原理一般是"合目的性"原理。通过合目的性原理，判断力得以将那些难以理解的事态，甚至那些看似不可规定的事态变为可规定的。

审美判断赋予那些似乎超出概念规定的审美愉悦（由美引发的生命感）以主观合目的性，目的论判断则赋予那些似乎脱离了概念规定的生活现象以客观合目的性并将其转换为可规定的。这里要再次铭记一点，即判断力分为规定性的和反思性的。

法官是以判断为职业的群体之一，法官必须先要了解法律，才能在法庭上作出判决。法官根据他所掌握的法律知识（普遍标准），对提起诉讼的具体案件作出判决，这就是一种规定性判断。在这种情况下，规定可以注释为分类、说明、解释或评价。

规定性判断是根据已给定的普遍者（概念、原理、模型、表格）来判断与某个事实相对应的个别者或个体，法官作出的大部分判决都是规定性判断。规定性判断的主体是经过反复试错的，经过长时间的经验积累，他们逐渐形成自己的诀窍或经验性直观能力，从而能够更快地作出判断，这就意味着判断力的增强。

不过，法官有时可能会遇到一些依靠现有法律常识难以作出判决的案件，还会遇到一些不仅无法用现有法律进行规定，甚至会让人开始重新审视法律的存在前提的微妙案件。在这种情况下，法官应当避免仓促作出判决，而应该认真地思考一下法律是什么、它是为谁服务的，以及正义是什么。

这种反思可以延伸为对符合特殊情况的新的法律理念的探索。因为面对打破现有常识的例外和特殊的事态，人们意识到重新立法的必要性。反思性判断一边围绕这些顽固抵制现有原理的个别者徘徊，一边又开始寻找能够适应这些个别者的新的普遍者。

不管是《纯粹理性批判》中所讨论的理论判断，还是《实践理性批判》中所讨论的道德判断，它们都是规定性判断。规定性判断是一种将已给定的规则应用于特殊事实上的自上而下的判断或规则执行性判断；与之相反，《判断力批判》中所讨论的反思性判断则是一种对符合特殊事实的新规则进行探索的自下而上的判断或规则创造性判断。

规定性判断 （概念事实） 	• 首先通过给定的普遍者（概念、原理、模型、表格）规定个别者 • 规定意为分类、说明、解释、还原、评价等 • 自上而下的判断，规则执行性判断

反思性判断 （事实概念）	• 面对无法用既有的普遍者规定的事实，探索符合这个事实的新原理 • 反思意为批判既有原理、推定新的高级原理、变换方向及建立构图等 • 自下而上的批判，规则创造性判断

通过规定性判断和反思性判断两个概念，康德提出了一种展示普遍与特殊关系的新模式。

判断的乐趣

审美判断是一种反思性判断，除了具有规则创造性这个特点之外，它还具有另一个特点，即总是伴随着愉悦—不愉悦的情感。当然，无论是反思性判断还是规定性判断，当判断力积极发挥作用时，愉悦感总会相伴而来。不管是在我们找到一个新概念时，还是在我们准确地运用一个已给定的概念时，我们都能品尝到乐趣。

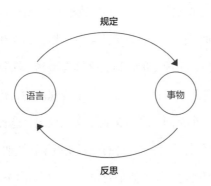

学习语言的过程始于两个方向，这两个方向既是我们学习语言并使用语言的两个方向，同时也是思考的两个方向。

为了具体论述这一点，让我们以语言与事物的关系为中心，重新定义一下"规定"和"反思"。所谓规定就是从语言到事物的判断，而所谓反思就是从事物到语言的判断。我们可以联想一下小孩子学习说话的过程，这样会更容易理解什么是规定性判断，什么是反思性判断。

在《词与物》（1966）一书中，福柯以语言与事物的关系为中心阐释了十五世纪至二十世纪的人文科学史。福柯认为，十七世纪和十八世纪古典时代的人文科学被建立在一个语言和事物相互分离的平面上。

然而，在此之前的文艺复兴时期，语言和事物是共存于同一平面上的，语言之间有事物，事物之间有语言。直到十七世纪以后，为了表现事物，语言转移到了另一个空间。之后又到了十九世纪，这种表现关系发生断裂，语言和事物的关系变得不再透明。

福柯的这一观点似乎受到了《词语》（1964）的极大启发。在这本自传性质的著作中，萨特回忆了自己的童年时光。萨特的父亲是一名海军军官，牺牲在第一次世界大战的战场上，因此萨特很小的时候就被母亲带到外祖父家生活。对于少年时期的萨特来说，外祖父的书房就是他的游乐园。

当同龄人都在下池塘抓鱼，上树掏鸟窝时，萨特反而先在书中遇见了鱼，发现了鸟蛋。同龄人自然是先在自然界中遇见了事物，之后才在教室里知道了它们的名字。可萨特却恰恰相反，他先是在书房里知道了事物的名字，之后才在自然界中看到了相应的事物。

现在的孩子每天都被各种图画书包围着，通过看书，他们得以记住许多动植物的名字，哪怕其中有一些他们从未见过。而当他们真的在生活中见到书里所看到的东西时，总是兴奋不已地大声喊出它们的名字——"爸爸，那是蝴蝶！""爸爸，你快看那个，是大象！"像这些孩子一样，当我们可以用我们知道的词语来规定某个事物时，我们就会感到快乐。这种快乐跟我们扔一块石头结果成功击中目标时的愉悦感很相似，当我们将自己所学的概念应用到某个未知的对象身上并对它进行分析时，我们就会体验到类似的乐趣。

例如，当我们用自己渊博的知识去自由地剖析某个不太为一般人所理解的艺术作品，并对这个作品进行评价的时候，我们就会感受到巨大的愉悦感。学问的乐趣就在于此，当你对某个概念或理论足够了解时，你就会看到别人看不到的东西，听到别人听不到的东西。

事实上很多人都说，在认真阅读完康德的作品之后，世界开始变得清晰起来。所谓学问的乐趣，就是抛出一个概念并准确地切中某个对象并使其开始揭开自己的秘密时，我们所能体会到的一种满足感。

与之相比，更大的乐趣则来源于新概念的发现。有时候，我们会遇到一个让所有现有常识都失效的事件，这时我们往往会陷入巨大的疑惑中并渴望找到答案。在这种情况下，事物拒绝一切我们所知道的阐释方式，它要求我们必须找到一个全新的概念来解释它。

当我们因此而陷入苦恼和沉思却突然在某个瞬间灵光乍现时，我们会如何呢？我们会一边欢呼一边拍着膝盖大喊："对，就是这个！"而这就是从事物到语言的乐趣，也就是反思的乐趣。这种乐趣超越了学问的乐趣，是沉思的乐趣、哲学的乐趣。

既然如此，那么在判断过程中分泌这种愉悦感、制造这种乐趣的契机在哪里呢？正是在将未规定的事物转变为"可规定的"事物的那一瞬间。让我们先来通过理论判断和实践判断这两种规定性判断对这一点进行论证。

理论判断是指知性通过先验概念来对感性直观的内容作出规定。但是，要想作出这个规定，那么首先感性直观的内容就必须作为可规定的对象出现，而若使其内容作为可规定的对象出现，那么想象力就必须生成一个"图式"来作为概念和直观的中介。

实践判断是指理性对意志作出规定并使行为准则具有普遍有效的约束力。此时，对准则的普遍性检查以知性提供的自然法则作为"范型（type）"。根据这个范型，可以判断意志准则是否可以被规定为普遍的道德法则，以及它是否是真正的"良心之声"。

无论这个意志准则是理论的还是实践的，规定性判断都要通过一个契机，在这个契机上，未规定状态的对象转变为可规定的东西。这个契机就是图式或范型被制作出来的那一瞬间。正是在这一刻，规定性判断才分泌愉悦感。

那么，反思性判断又在哪个节点上分泌愉悦感呢？正是在合目的性被揭示时。如果这个判断是以"美"为对象的（换句话说，就是为心灵灌注生命感的）

趣味判断，那它就被称为"主观合目的性"，而如果这个判断是以有生命的自然现象为对象的目的论判断，那它就被称为"客观合目的性"。

当这种合目的性被揭示或被唤醒时，反思性判断就开始将这个对象体验为可规定的，更准确地说，就是将对象体验为可品味的。在这一刻，乐趣产生，我们得以尽情享受这种乐趣。

什么是艺术家

康德美学的问题

从现在开始，我们将了解到，主观目的性是"诸认识能力之间的自由统一"，客观目的性是对有机体进行生产的"目的因理念"。不过，在对这一点进行详细讨论之前，我们先来概述一下《判断力批判》前半部所论述的康德美学的几个主题。

康德之后的艺术哲学有三个核心问题，这三个问题就像组成艺术世界的三个中心。在艺术的世界里，先有"艺术家"，后有艺术家创作的"作品"，最后才有接受作品的"鉴赏者"。

这三个中心的优先级根据情况的不同而变化。假设一个理论主张艺术应该以讨论作品为主，那么根据这个理论，在对一个艺术家的艺术进行评价时，这个艺术家有怎样的生活经历应该作为次要问题。比如徐廷柱[①]作为一个诗人，我们应该只评价他的《自画像》等作品，而没有必要考虑他的政治选择。

相反，如果一个理论主张艺术应该以艺术家为中心，那么情况就完全不同了。因为此时评价的标准变成了一个艺术家是否过着艺术家的生活或者是否过得像艺术家。比如，当我们去参加同学聚会等活动，活动结束后一般都会拍纪念照片或是分发纪念品，而根据这个理论，聚会的真正意义不在于纪念照或纪念品，而在于活动当天大家所一起感受到的友谊。

对于尼采这样的哲学家而言，艺术作品只不过是艺术生活的偶然结果，就跟纪念活动里的照片、纪念

---

① 徐廷柱（1915—2000）：字未堂，韩国近代著名亲日派诗人。因在日本殖民统治时期撰写了大量赞颂日本天皇和日本统治者的诗歌，而被韩国民众视为亲日派反民族分子。后来在李承晚、朴正熙、全斗焕执政时期，他又作了许多对独裁政府和军权政府表示支持的政治献诗，因而为韩国民众所诟病。——译者注

品等副产品一样。而真正重要的是是否像一个艺术家一样生活。从这个观点上来看，作品在艺术世界中可有可无。然而许多艺术家，比如像福楼拜这样的作家却以殉道者的姿态，为了理想的作品而选择牺牲世俗生活。对于这样的艺术家，尼采认为他们没有成为艺术生活真正的主人，因而将它们贬低为奴性的人。

但黑格尔和海德格尔等哲学家却提出了疑问：使艺术作品成为作品的最终条件是什么？什么是艺术作品？作品与物品、作品与商品之间的区别是什么？对此，海德格尔回答说，所谓作品必须含有代表着作家所属时代的"存在理解（Seinsverständnis）"；黑格尔则回答说，所谓作品必须包含"时代精神"。

事实上，越是严肃的形而上学或存在论，就越提倡以作品为主的艺术论。然而进入现代社会，比起作品，接受作品的鉴赏者反而变得越来越重要。因为艺术最终完善于鉴赏者对作品的鉴赏体验之中。

在康德的艺术哲学中，以上三种观点并存。他的艺术哲学对艺术家、作品以及鉴赏者的体验均有所涉及。康德以"天才"概念回答了艺术家的本性问题，以"审美理念"①回答了艺术作品的问题，以对"趣味判断"的分析阐释了鉴赏者的体验。

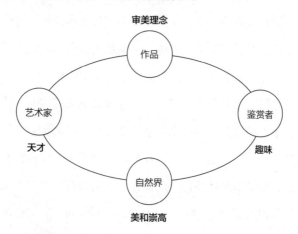

在康德以后，艺术哲学有四个核心，它们分别是：艺术家、作品、自然界和鉴赏者。

---

① 审美理念（aesthetic idea）：很多时候也被翻译为"美感理念"。希腊语"aisthesis"原指"感性的东西"，不知何时起有了"与美的体验有关的感性要素"这一含义，因而被改译为"美学的东西"。为了同时体现以上两种含义，国内开始使用"美感的"这一译语。而在本书中，笔者将用"感性理念"来代替"美学理念"这个略显不自然的表述。[原作者使用"감성적이념（感性的理念）"这一表述，但为了便于中文读者理解，译者拟采用"aesthetic idea"一词的中文通用译语，即"审美理念"。——译者注]

《判断力批判》的上半部中所占篇幅最多的是趣味判断（审美判断）的机制这个主题，从§1到§22都是关于审美体验之契机的分析。正如第一章在介绍《纯粹理性批判》时所强调的那样，康德通过心灵模型的革新，为哲学的主要问题提出了新的解决方法。他没有将心灵看作一面重现事物的镜子，而是将其设定为一个生成表象本身的信息处理装置，从而为理论哲学和实践哲学带来了一场哥白尼革命。

康德艺术哲学的主干内容就是基于精妙的认识能力理论对审美判断的运作进行揭示。不过，这里我们暂且将这个问题搁置，先来看看康德是如何定义艺术家和艺术作品的。

天才的艺术家

康德称艺术家为天才。当然，除了康德之外，十八世纪的许多学者也都以天才概念为中心阐释了艺术哲学，然而在这个普遍潮流中，康德却以其独特的方式对天才进行了重新定义。

根据他的定义，所谓天才，就是取代自然界重新制定艺术表现规则的创造性的人。而且最重要的是，这种立法行为是无意识的，天才在不知道自己在做什么的情况下创造新规则。

这里所说的"无意识"有两个含义：第一个含义是"无法解释的"，如果你能解释你的作品，那你就不是天才；另一个含义是"不可传达的"，天赋不能被学习或被传授，所以科学界不可能有天才。因为科学知识不仅能够进行逻辑解释，而且必须是普遍可传达的。

因此，基于这种观点，康德并不认为通常与莎士比亚一同被列为天才的牛顿是天才。因为康德认为，天才的独创性只能无意识激发其他天才的创造。

既然如此，那么天才重新制定的规则到底是什么呢？康德称之为表现"审美理念"的规则。如果一个艺术家是天才，那么他的艺术作品必然包含他想要具体表达的审美理念。对于黑格尔而言，一部作品必须包含特定的时代精神；对于海德格尔而言，一部作品必须包含特定的存在理解。

而对于康德而言，一部作品必须包含特定的审美理念。任何伟大的艺术作品必须包含的一个核心要素就是审美理念。就像没有馅儿的包子不是包子一样，没有审美理念的作品不能被称为作品。那什么是审美理念呢？之所以这样发问，是因为理念原本是属于理知世界的东西，它不可能成为感性的或审美的。

　　显然，一直到《实践理性批判》为止，理念仅仅是理性的相关项。然而，随着《判断力批判》中又一个哥白尼转向的发生，情况发生了变化，即感性获得了不亚于理性的、现象世界获得了不亚于理知世界的生产理念的能力。那么，这个哥白尼转向是一种怎样的转向呢？

　　这个转向就是前面所说的，感性的东西（特殊）不再围绕理念的东西（普遍）旋转，而是理念的东西开始围绕感性的东西旋转。感性的东西，尤其是美或崇高的现象此时成了一个巨大疑问的来源，这个疑问要求我们探索新的理念。这是一种从"规定性判断到反思性判断"的革命性转向。而所谓反思性判断，最终就意味着一种思维，即生产理念以回答感性提出的问题。

艺术作品的核心——审美理念

康德把审美理念称为"精神原则"。这里的"精神"一词对应法语单词"esprit"，意为"心灵的生气"，即精神原则就是为心灵灌注生气的原则，是激发灵感和创造力的原则。让我们来看一下康德所举的实例。

有的诗清新雅致，但缺失精神；有的故事准确严谨，但缺失精神；有的演讲透彻庄重，但缺失精神；会话亦然，虽有乐趣，但不少也缺失了精神。甚至有时我们也会说一位贵妇人漂亮、友善、温顺却缺失精神。那么我们所说的精神到底指什么呢？在美学意义上，精神就是指赋予心灵以生气的原则。

——《判断力批判》§49

有些演说为正义大声疾呼，却无比空洞；有些诗篇技巧出色，却给不了人半分感动；有些人拥有了一切，却仍然不具魅力。虽然我们很难说清楚这到底是为什么，不过有一点很明确，就是它们都因缺乏给予人以灵感的力量而令人失望。尽管它们满足了大部分条件，但仍然好像差了那么一点。

康德称为"精神的缺失"。这里的"精神"就是灵感的原则，也就是表现审美理念的能力。康德说，在天才的作品中，审美理念被具体地表现出来，而对其进行观赏的鉴赏者则在万千思绪中体验到一种通往远方的开阔感。

我所说的审美理念指的是想象力的表象，这种表象虽引发对很多事物的思考，但无法被任何概念掌握，因此没有一种语言可以完全达到并解释它。(……)审美理念通过打开内心中类似表象的广阔视野，为心灵注入活力。

——《判断力批判》§49

有时，我们在看到某个东西时会突然流泪或者爆笑，而有时，我们也会陷入抑制不住的灵感之中。在一个庞大的隐喻网络中，无数思想相互碰撞、共鸣，并产生源源不断的想象，这种生动的观念运动无法通过任何语言来达到，也无法被任何概念所掌握。知性为驱逐这种运动而付诸的努力陷入了完全的被动，而造成这种事态的原因，正是康德所说的审美理念。

那为什么称其为"理念"呢？原因在于它超越了概念，但同时它又提出了一个问题。虽然它意欲挣脱概念之手并拒绝一切分类、规定及解释，但同时它又提出一个问题，即需要一个新的概念来使这一切成为可能。就这一点而言，它是一种理念。

对于理论理性和实践理性而言，理念建立在现象世界彼岸的理知世界，即超感性世界。然而，理念同样也可以在艺术作品或自然之美等奇幻的事态中呈现出来，此时，理念不再是超感性的，而是感性的。

面对这样一种感性的理念，判断力陷入了无限的反思。这里的反思指的是为审美理念所提出的问题寻找答案的过程。理念无论是感性的还是超感性的，它总是提出某个要求重新立法的问题。当面对这样一个问题时，判断主体就会停止规定并开始反思，停止认识并开始思维。既然如此，那么由此开始的思维又将在何处停止呢？

只有被置于与超感性理念的类比关系中时，超出概念掌握的限度从而引发无数思维的审美理念才可能被理解。因此，康德将以审美理念为核心的艺术作品视为（由道德法则展现的）自由理念的象征。艺术作品为超感性理念，尤其是道德理念的世界赋予具体的直观，就这一点而言，艺术作品是象征。

前面我们学习了图式和范型，两者是超感性的东西（概念和理念）与感性的东西之间的媒介。图式是连接先验概念与感性直观的第三项，由想象力产生。而范型则是准则与道德法则之间的类比项，是理性向知性借用的自然法则。第三项使超感性的东西变为某种可规定的东西，而当通过这些第三项时，判断就会感到愉悦。

除此之外，实例也是愉悦感的契机。如果说赋予道德理念以感性直观的是象征，那么赋予经验性概念以感性直观的就是实例。

实例（example）：对经验性概念的直观。

图式（scheme）：对先验概念的直观。

范型（type）：对道德法则的类比。

象征（symbol）：对道德理念的直观。

当我们向初学者讲授抽象概念时，往往需要实例。越是想要获得良好声誉的演讲者，就越应该学会通过列举好的实例来讲故事。当学生们通过具体的实例跃升至概念的高度时，他们就会品尝到快乐。

康德把实例比喻为孩子学走路时用的学步车。缺乏判断力的精神若想在概念性思考的领域中前行，就必须借助一个步行器，这个步行器就是实例。对于尚未具有独立思考能力或无法在抽象世界中独自行走的人来说，实例是必不可少的工具。

相反，有些人虽知性出众却难以进入理念的世界。在向着理念世界前进的反思之旅中，他们需要借助一个垫脚石，而这个垫脚石就是名为自然法则的范型以及名为艺术作品的象征。

趣味判断的主客观条件

现在，我们已经了解了康德美学是如何阐释艺术家和艺术作品的。现在，让我们来看一下康德是如何分析鉴赏者的审美体验的。首先，审美体验的核心是趣味判断，而所谓趣味判断就是将美的东西品味为美的东西。

康德通过四个阶段阐明了趣味判断的特征。不过，在此之前，我们先来确认一个基本事实，那就是：若使趣味判断成立，则必须满足两个条件。趣味判断及一般的审美判断都是建立在客观和主观两个条件上的。

趣味判断的客观条件就是前面所讲的审美理念。为了判断美为美，必须将审美理念表现于我们之外，如果审美理念在客观上缺失的话，那么审美体验就无法发生。无论是艺术美还是自然美，一个事物之所以能成为美的对象，是因为它含有审美理念。也就是说，必须有一个要素激发了无数灵感却又无法被既有概念掌握，因此使我们陷入不断的想象与反思之中。

那么，趣味判断的主观条件又是什么呢？它就是前面曾提到过的心灵的生气。当遇到审美理念时，我们的认识能力会变得比平时更加充满活力，这就好比当我们运动时，身体器官会积极循环以给全身提供生气。

运动时会出汗，这些汗水不是痛苦的汗水，而是快乐的汗水。同样，当遇到美的事物时，心灵的诸认识能力就会发挥各自最大的力量，并最终流下灵魂的汗水。而这，就是审美判断带来的愉悦。可以说，审美对象激发灵魂的运动并使我们的心灵流下愉悦的汗水。

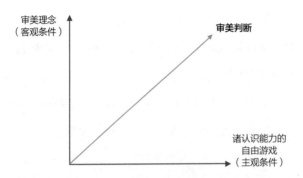

艺术作品所表现的审美理念引起我们内部的诸认识能力的活力运动，从而为心灵灌注生气。

如果说如此充满活力以至于流下愉悦的汗水的心灵的生气是审美判断的主观条件，那比它更为重要的则是这种生气的真正含义。在审美体验中，生动的心灵，以及在生动中享受快乐的心灵究竟处于一种怎样的状态呢？

康德认为，这样的心灵状态就是主体的诸认识能力在自由游戏的同时又相互统一的状态。每种认识能力都尽其所能，并避免与其他能力产生矛盾或冲突，从而达到相互协调。这种状态就类似于诸认识能力突破固定形式并进入一种流动的、自发的运动之中。

在进行理论判断或实践判断时，诸认识能力会受到严格规则的束缚。然而，在审美体验中，主体的诸认识能力在自由游戏中反复地分离与结合，并最终克服不平衡，再次实现和谐统一。我们之前看到，理论判断和实践判断总是按照一定的模式发生，认识能力虽然不断相互结合，但它们结合的方式始终是不变的。

不过，这种不变的方式并不是强制的结果，相反，它来自审美判断中所如实表现出来的每一种认识能力的自发参与。有一种特殊的协作方式，似乎约束着理论判断与实践判断，而这个特殊的协作方式在每一种认识能力的自由游戏的能力之中获得了最初的可能性。就像在一个民主社会中，法律的效力是建立在社会成员的自发同意之上的，这里所说的法律就类似于这个协作方式。

伴随审美体验而来的心灵的生气来自主体诸认识能力之间的自由游戏。在反映这种充满生气的状态的内在意识之中，愉悦的情感得以产生。对心灵的生气的论述最早出现在《判断力批判》前半部的趣味判断分析中，之后到了《判断力批判》后半部的目的论判断分析中，它又发展为对自然界中的生命现象的论述。

如果趣味判断是使心灵富有生命的判断，那么目的论判断就是以具有生命的有机体为对象的判断。两种判断都以有生命的东西作为主题，从这一点来看，《判断力批判》的前半部和后半部在内容上具有一定的连贯性。

趣味判断和目的论判断都属于反思性判断，它们都与有生命的、可运动的东西有关，也都依赖于合目的性这个相同的原理。只不过，趣味判断寻求的是主观合目的性，而目的论判断寻求的则是客观合目的性。此时，主观合目的性指的是诸认识能力的自由统一，而客观合目的性指的则是部分的有机统一。

趣味判断的四种面孔

趣味判断的四个特征

现在，让我们依次了解一下康德是如何对趣味判断的作用机制进行剖析的。正如前面所介绍的，理论判断运用十二个范畴来对感性直观的内容进行规定。在这些范畴中，质、量、关系及模态这四个高级范畴又各自包含三个一般范畴。知性使用四只手臂，而每只手臂上又都有三根手指。

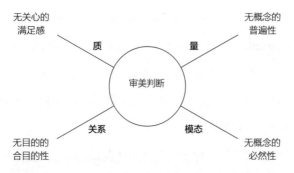

无关心的
满足感

质

无概念的
普遍性

量

审美判断

关系

模态

无目的的
合目的性

无概念的
必然性

康德将审美判断的四个契机分为质、量、关系和模态，并分析了它们各自的作用机制。

康德认为，审美判断力也是通过调动相同的四只手臂来判定美的。因此可以说，质、量、关系、模态就是审美判断的四个契机或四个方面。康德按照质、量、关系、模态的顺序依次对它们进行了分析，不过为了便于说明，这里我们将顺序打乱，把其中相似的归到一起，按照质、关系、量、模态的顺序依次对它们进行考察。

质的契机——无关心的满足感

趣味判断中存在某些"质的"特征，因这些"质的"特征比其他特征更为重要，故而被列为首个分析对象。康德认为"无关心的满足感（disinterested satisfaction）"就是趣味判断的质的特征。当我们判定一个东西为美时，我们会感到一种满足感，这种满足感是一种无关心的满足感，这里所说的满足感指的是快感、快乐和愉悦感。

如前所述，知性和理性分别在高级的认识能力和高级的欲望能力中主导立法。当然，除此之外也有判断力进行立法的情况，那就是当高级的情感能力成为问题时，判断力尤其是审美判断力处在一个为愉悦—不愉悦的情感提供规则的位置上。

那么所谓"无关心"又是指什么呢？我们看到，康德哲学主要阐释了三种兴趣：思辨的兴趣、实践的兴趣以及美的兴趣。思辨的兴趣围绕着真伪的问题，实践的兴趣围绕着善恶的问题，美的兴趣围绕着愉悦—不愉悦的问题。除了这些兴趣之外，人类对实际的利害得失问题也会产生兴趣。

尤其是，作为有身体的生命体，人类必然总是对情感上的愉悦—不愉悦产生兴趣。而当我们说趣味判断带来愉悦，但这种愉悦是无关心的时候，那就意味着它不受任何兴趣的影响。

这种审美满足感并不是一个有着身体器官的人所能享受到的那种感官愉悦，也不是一个有着天使般纯洁灵魂的人所能享受到的那种智性的愉悦。它既不是感官的也不是智性的，它是第三种愉悦。为了深入解释这一点，我们先来了解一下"katharsis"这个古代艺术哲学概念。在亚里士多德《诗学》的第6章中，有一段话对悲剧进行了定义。这段话说，悲剧必须产生某种效果，这种效果就叫作"katharsis"。后来，"katharsis"就成了定义艺术的核心关键词。然而，随着康德提出"无关心的满足感"这个概念，"katharsis"一词的历史迎来了新的转折。

"katharsis"到底是什么意思呢？这个词原本是"排泄"的意思，在希波克拉底医学中，它一般用来表示"消除诱发疼痛的因素以使身体痊愈"。

同时还有个与它具有隐喻关系的词——"katharos"，意为"洗去精神的罪恶以使灵魂重生"。后来，亚里士多德评论家们就开始从两个方向来解释"katharsis":一个方向是将其解释为生理疗效，另一个方向则是将其解释为道德疗效。

比如，唯物主义者和经验主义者认为，审美体验可以对身体产生实质性影响并令人产生愉悦感。最近也有研究表明，莫扎特的音乐能促进植物生长，从这个例子可以看出，将 katharsis 看作一种医疗效果，换句话说，将 katharsis 看作一种生理上的缓释作用，并非没有道理。

相反，主知主义传统及保守派则将 katharsis 解释为道德净化、精神净化。而康德的创造性就在于他发现了这两种立场之外的第三种审美愉悦。他认为，艺术给人的愉悦，既不是像娱乐电影那样刺激人的末梢神经而产生的愉悦，也不是像政治宣传品那样向人的头脑中灌输理念而产生的愉悦。

当然，康德也强调审美经验具有发展为道德经验的可能性。尤其是他将艺术作品视为道德理念的象征，并且在崇高体验的背后寻找道德使命的体验。可以说，康德对审美经验发展为道德经验的可能性的强调在这里体现得淋漓尽致。

不过对于这个可能性，有一个非常重要的前提条件，那就是：只有当判断力从所有不同种类的兴趣中解放出来时，审美经验才有可能发展为道德经验。只有在某种完全的无关心状态中，审美体验才能够实现。而在这种审美体验的深化中，我们才能感知到道德理念的世界。可以说，康德的观点与那些认为艺术体验从一开始就是在道德兴趣的支配下建立起来的观点完全不同。

在这一方面，康德的"无关心的满足感"可以与儒家的"思无邪"进行对照。下文摘自《论语·为政》，主要阐明了何为"诗心"。

诗三百，一言以蔽之，思无邪。

所谓"思邪"，就是指因某种私欲而导致心灵扭曲的心理状态。而所谓"思无邪"，就是指一颗没有因个人贪欲而扭曲的正直之心，以及一颗挣脱邪恶意图的纯净之心。孔子认为，只有基于这样一颗无邪的诗心，我们才能做到"处仁"①。

同孔子的"思无邪"一样，康德所说的"无关心的满足感"也是一种来源于"无邪"的满足感，这种满足感可以发展为对理想道德秩序的感受性。

而且，康德的"无关心"并没有仅仅停留在"无邪"的定义上，它指向的是一个心灵充满生机和活力的至高境界，因而它是一种更为积极的表述。

如前所述，参与审美判断的诸认识能力被置于一个自由游戏中，在这个游戏中，它们最大限度地发挥自己之所能。正因如此，在审美体验中，心灵才感受到生机勃勃的活力与愉悦，康德称这种愉悦为"无关心的满足感"。

这种满足感并不依赖于外部条件，它是一种因诸认识能力之间的内在的自我调节和统一而产

---

① "里仁为美。择不处仁，焉得知？"——《论语·为政》

生的愉悦，因而它是"无关心"的。康德所说的
"无关心"指的就是认识能力之间的这种"再自律
（heautonomy）"，因此，所谓"无关心"其实是一个
积极的表述。

由诸认识能力的这种自律的自我关系所带来的满
足感，就是无关心的满足感。而对于认识能力之间建
立这种自律关系的方式，我将在接下来关于"关系"
契机的论述中，用"无目的的合目的性"这个概念来
对其进行解释。

关系的契机——无目的的合目的性

这里的关系主要是指部分与整体的关系。这一阶
段的基本论点是：对于艺术作品或自然界中美的事物
而言，其部分与整体的关系达到了一种无目的的合目
的性。前面我们已经区分了审美判断的主观条件（心
灵的活力）和客观条件（审美理念）。

就这个区分而言，质的契机解释了满足审美判断主
观条件的（诸认识能力之间的）合目的性，而关系的契

机则解释了满足审美判断客观条件的（对象内部的）合目的性。因此，美的事物的"无目的的合目的性"给人以它与艺术作品中的"审美理念"相类似的印象。

例如，夏日里的花园百花齐放，不同品种的鲜花争奇斗艳并展现出一种生机勃勃的统一，而我们总是能从中体验到大自然的和谐与美好。同时我们总感觉似乎有一个意欲解释这种和谐与统一的中心或意图。可奇怪的是，当我们越是想找到它时，它就越隐藏在神秘的面纱中，令人捉摸不透。

音乐也是如此。一场歌剧演出中，女高音、男高音、男低音等都各自扮演着自己的角色，各显神通，在这种和谐分工中，我们得以聆听一场美妙的和声，并从中感受到一种难以形容的美。爵士乐手们也演奏着手里的乐器，使其发出美妙的乐声，同时他们又相互配合、和音，从而赋予音乐以感染力。

这就是无目的的合目的性。存在着一个实现了和谐统一的整体，然而我们无法得知其中心在哪儿、其意图是什么。它不断克服着不平衡并转化为一种新的形态，但我们却始终无法得知它于何处开始，又于何处结束。

在这个开放的整体之中，只存在着一个使其遗忘开始和结束本身的中间地带。无目的的合目的性指的就是这样一种状态，即各部分构成一个有生命的整体，但又无法明确其目的、意图和中心。

不过，康德将这种无目的的合目的性视为一种形式关系，亦即一种与质料或内容无关的关系。在艺术中，重视形式大过重视质料的立场被称为形式主义。

比如，如果问一幅画最重要的元素是什么？有人会说是色彩，然而像康德这样的形式主义者认为是线描。与此相同，无目的的合目的性虽是一种建立在部分与整体之间的关系，但这种关系却是一种与内容无关的纯粹形式关系。

康德关注的是，当我们体验到无目的的合目的性这个奥妙的形式性统一时，我们的内心会发生怎样的变化。用一句话来对这种变化进行概括的话，那就是我们会陷入一种纯粹自感状态。

我们流连于对美的观赏，因为这种观赏在自我加强和自我再生。①

——《判断力批判》§ 12

这里出现的"观赏"一词的源语为"contemplation"，如果忠实于原词，那就应该译为"凝视"。这句话描述了一种固定在"美"的对象上的视线，康德刻画了一种"钉"在、静止在美的对象上的视线、一种因心灵为美所"摄"而无法移动的视线，不过这种视线并不是被动静止的，而是主动静止的。

这是因为凝视刺激自身并产生了新的凝视，而这个产生的新的凝视又再次唤起另一个凝视。在美的对象面前，我们会不自觉地唱起"我只是在看着你——"。并且就像歌词里唱的一样——"一直看着也还是很想

---

① ［德］康德，《判断力批判》，邓晓芒译、杨祖陶校，北京：人民出版社，2002，第 58 页。

念——"①，以至于我们会不停地盯着它们看。康德称这种凝视为"自因的"。

但这愉快本身毕竟有其原因性，即保持这表象本身的状态和诸认识能力的活动而没有进一步的意图。我们留连于对美的观赏，因为这种观赏在自我加强和自我再生：这和逗留在一个对象表象的刺激反复地唤醒着注意力、而内心却是被动的那种情况中是类似的（但究竟是与之不一样的）。②

——《判断力批判》§ 12

当观赏美时，视线试图努力保持或加强这种审美愉悦的状态，通过这种努力，凝视变成了使自我再生的自因视线或自感视线。同时，连同美所带来的愉悦

---

① 两句歌词分别来源于两首韩国家喻户晓的歌曲《旋转（빙글빙글）》和《看着你还是想你（보고있어도보고싶은그대）》
② ［德］康德，《判断力批判》，邓晓芒译、杨祖陶校，北京：人民出版社，2002，第 58 页。

本身也具有了自我增殖属性，也就是说愉悦具有了自律进化的逻辑。

自己增加自我含量的情绪，这就是有生命的情绪。只有生命体才能自我再生，然而情绪却因为获得了生命从而也能够进行自我再生。艺术追寻的就是这样一种富有生命的情绪，它是一种不断自我加倍和自我加强的情绪，是一种以自我为原因而持续存在的情绪，是一种处于自我含量运动中的情绪。

当然，一种情绪为了进化成这种自律情绪，那么它首先要满足的条件就是无关心。只有在无关心中，情感才能成为能够将其他认识能力都汇聚于自己周围的更高层次的情感。

对一切对象都不关心的，进而在内在的再自律中不断增加其自身含量的情绪或情感，并不仅仅是只对个人有效的某种偶然情感。它是主观的，但同时又具有普遍且必然的可传达性。康德通过趣味判断的另外两个契机，即量的契机及模态的契机对这一点进行了解释。

量的契机——无概念的普遍性

这里让我们再次思考一点，即趣味判断具有双重结构。趣味判断不仅仅只是对愉悦的品味，同时它还是对所品味到的愉悦的价值进行评判的过程。对于趣味判断中所发生的愉悦的品味，康德在（我们前面考察过的）质和关系的契机中对其进行了探讨。

而对于愉悦的价值或有效性的问题，康德则在（我们将要讨论的）量和模态的契机中进行了讨论。康德认为，从量的角度来看，趣味判断具有普遍性，而从模态的角度来看，趣味判断则具有必然性。然而，问题是它们分别是一种怎样的普遍性和一种怎样的必然性。与理论的或道德的东西完全不同的纯粹审美普遍性和必然性是如何被肯定的呢？

为了解答这个问题，让我们先来看一下与审美普遍性有关的量的契机。现象学创始人胡塞尔在他晚年的著作《笛卡尔式的沉思》（1931）中说："倘若开哲学大会的话，哲学家将聚集一堂，但哲学不会。"

哲学家追求的是普遍的概念，然而，当哲学陷入危机时，无论多少哲学家聚集在一起，都不能达成一致意见。科学家也是如此，我们经常可以看到在一场学术会议上，专家们因为同一个问题而争论不休。

然而，在会议结束后的用餐时间，气氛往往会发生变化。对于食物的味道如何，比如某个食物好不好吃这种问题，大家会很容易就达成共识。这告诉我们：普遍性不仅可以建立在概念领域，同样可以建立在情感领域。

康德试图证明：至少在美的体验中，与概念无关的普遍性，也就是情感的普遍性是可以成立的。那为什么美的体验是普遍的呢？在康德看来，这是因为体验给予了"无关心的满足感"。具有普遍价值的是伴随趣味判断而来的愉悦，但这种愉悦之所以是普遍的，是因为它与任何兴趣无关。

如前所述，当满足某个特定的兴趣时，愉悦就无法是普遍的，这是因为不具有同一种兴趣的个人之间是无法产生满足感的。为了让一种满足感成为一种适用于所有人的情感，而不仅仅是个人的主观情感，那么它就必须摆脱特定兴趣的束缚。

然而，所谓"摆脱兴趣"具有双重含义。首先它不依赖于（实在的）对象而存在，这就意味着它不依赖于特定的概念而存在。事实上，如果没有实在对象和对对象进行规定的概念，就无法建立兴趣。

受特定兴趣支配的判断直接指向它们所意图的对象，并且在这个前提下，遵循对这个对象进行规定的特定的概念规定。反之，与对象是否实在无关的判断，即对其"无兴趣"的判断是排除了概念的判断，即"无概念"的判断。

不过，这里的"无概念"并不是一种消极的事态，相反，它是一种积极的事态，确切来说，它是一种饱和的事态。正如前文在提到"审美理念"或"无目的的合目的性"时所解释的那样，所谓美，是一种无法用语言进行描述的事态，一种超越了概念规定的事态，是一种不断引发思维的事态。

评判美或某物为美的判断，是一种无概念的判断，因为它精准地指向这种超概念的事态，并且既然是无概念的判断，那它就必然只能是无关心的判断。

当某种兴趣得到满足时，通常会产生乐趣。然而，趣味判断虽然对外界没有任何兴趣，但仍会带来愉悦。这种愉悦不是来源于对某种兴趣的满足，而是源于充满活力的心灵状态。只有在无关心这个条件下，包括想象力在内的心灵的诸认识能力才能在自由游戏中各自发挥自己最大的力量。

而我们的心灵会随之从内在之中感受到一种生命感，这种生命感带来愉悦。伴随趣味判断而来的愉悦是由诸认识能力的活力运动所产生的愉悦，从这个意义上来说，它完全与对某个外在对象的兴趣与否得到满足无关。

从脱离了特定兴趣的束缚这点来说，这种愉悦可以是普遍的，然而，这只是审美愉悦为什么具有普遍性的消极原因，其积极原因在别处。

康德认为其积极原因在于普遍可传达性。审美愉悦之所以能够成为一种超越特殊的个人而对一切人都有效的情感，是因为它普遍可传达。既然如此，那么被称为无关心的满足感的这种审美愉悦为什么是普遍可传达的呢？

康德认为原因在于一切人都具有一个有着相同结构的心灵。用现代术语来解释的话，心灵就是一种生成表象的软件，由于所有人都镶嵌着同一个软件，因此他们必然会以同一种方式对同一个事态做出反应。

例如，当审美理念被表现出来时，又或者在面对美的自然现象时，一切人的心中都将发生一场诸认识能力的自由游戏。随着这场游戏的发生，每个人都将从自我内在中体验到一种充满活力的生命感。

正因如此，当一个人评判某个事物为美时，他就可以指望其他所有人都作出和他一样的判断并因此感受到和他一样的快乐。他可以相信，他是代表一切人判断，而不仅仅是为了他自己。

模态的契机——无概念的必然性

然而，问题是我们的判断总是有谬误的可能性。与理论判断一样，审美判断也不排除错误的可能性。

既然如此，那么当一个人判断某个对象为美时，他怎么能够确定他的判断没有错呢？他又如何能够证明自己的判断真的能够得到一切人的赞同呢？康德通过模态的契机回答的正是这个问题。

如果在"量"的契机中我们所看到的趣味判断的特征是"无概念的普遍性"，那么在"模态"的契机中我们看到的趣味判断的特征就是"无概念的必然性"。趣味判断是必然的，即使它排除了被规定的概念，而此时，必然性就意味着普遍传达的必然性。如果一个人判断某个对象是美的，那么这个判断必然将得到其他人的赞同。

因此，当一个人看到某物并判断它是美的时，这个判断就伴随着一个"当为"要求，即其他人必须赞同他的观点。既然如此，那么这种趣味判断所具有的当为必然性与前面提到的普遍性有何区别呢？而"无概念的普遍性"和"无概念的必然性"之间又有何区别呢？

许多注释家认为两者几乎是相似的。他们认为，普遍的当然是必然的，而为了成为必然的，它首先又只能是普遍的。然而，如果对这一部分进行仔细阅读的话，就会发现事实并非如此。

可以看出，对于审美判断而言，普遍性和必然性是建立在两种不同领域上的价值。[①]普遍性指的是超越论领域的可能性（权利上的可能性），而必然性指的则是经验领域的可能性（事实可能性）。

对此进行详细解释的话，即"无概念的普遍性"是一般的趣味判断能够证明的先验有效性，在康德哲学中，这种对有效性进行证明的工作一般被称为"演绎"。相反，"无概念的必然性"是对一个特殊对象实际作出趣味判断时，以及当这个个人判断对所有其他人的判断而言成为理想"示范"时，它具有的事实有效性。[②]

---

① 关于这一点的详细论述参见 Salim Kemal, Kant's Aesthetic Theory（London：Macmillan, 1992），第 2—4 章。
② "相反，这种必然性作为在审美判断中所设想的必然性只能被称为示范性，即一切人对于一个被看作某种无法指明的普遍规则之实例的判断加以赞同的必然性。"——《判断力批判》§ 18；参见 [德] 康德，《判断力批判》，邓晓芒译、杨祖陶校，北京：人民出版社，2002，第 78 页。

我们之前看到，趣味判断的普遍性基于无关心。假如一个对象带来的是摆脱了一切兴趣的满足感，而非对特定兴趣的相对满足感，当对这样一个对象肯定其美时，那这个判断就能够是对一切人普遍有效的。

不过，为了成为必然的，审美判断还要满足另一个条件。康德将这个条件称为"共通感（sensus communis）"原则。只有按照共通感原则时，一个人才能够相信他的趣味判断是所有人的判断的示范性实例，并在这个限度内，才能够将他的判断视为某种必然的东西。那么，共通感是什么呢？

共通感原本是出现在亚里士多德的《灵魂论》中的一个术语，指的是将不同的感官统合为一体的感官。例如，当我们边吃东西边聊天时，我们会调动味觉、听觉、视觉和嗅觉等各种感官，此时这些感官并不是单独工作的，而是共同形成一个统一的知觉，亚里士多德将这种把异质的感官统合为一体的原则称为共通感。然而，康德并没有将这个术语应用于感官上，而是应用于一个感官之上的领域。

对于康德而言，共通感首先指的是使诸认识能力统一的原则。有一种能力可以使感性、想象力、知性和理性等不同的认识能力和谐统一，这种"调节"的能力就是共通感。[①]

而且，共通感不仅指使诸认识能力自由游戏的能力，还指这种自由游戏的效果。如前所述，这种游戏的效果在于心灵感受到一种生机勃勃的生命感，从这种内在产生的生命感中，趣味判断的主体得以享受一种无关心的满足感。

康德在演绎趣味判断的普遍性时，隐含性地预设了一个这种意义上的共通感。然而，在解释趣味判断的必要性时，他又赋予了共通感一个新的含义。

那就是它是我们为摆脱主观错觉而必须在反思性

[①] 前面我说过康德的认识能力理论可能是最适应人工智能时代的心理学理论，他的共通感理论也有必要从这个角度来考察。据人工智能机器人研究人员介绍，机器人虽然擅长人类不擅长的演算和记忆，但不擅长人类擅长的平衡或灵活移动等，对于机器人来说，统合和调节多种功能是非常困难的。康德所说的共通感主要是指调节不同的认识能力以使它们和谐统一的能力。这个共通感概念可以说是人工智能时代可以灵活运用的哲学概念之一。

判断中采用的某种指导理念。根据这个理念，我们必须尽可能地站在"他人的立场"上来判断，并且我们自己必须为不断接近全人类的共同观点而努力。①

共通感是什么

作为这样一种理念，共通感就相当于对个人判断进行规制的理想的共同体精神。而一般而言，所谓"常识"，就是这个含义的共通感的通俗化。常识指的就是在共同体内部共享并像习惯一样被固定下来的观点。

然而，这里所说的共通感更接近于当为，而非事实。它指的是一种义务，这个义务要求：为使一个个人观点能够被所有人传达并赞许，必须始终先从他人的观点出发进行判断。

---

① "但人们必须把共通感理解为一种共同的感觉的理念，也就是一种评判能力的理念，这种评判能力在自己的反思中（先验地）考虑到每个别人在思维中的表象方式，以便把自己的判断仿佛依凭着全部人类理性，并由避开那将会从主观私人条件中对判断产生不利影响的幻觉，这些私人条件有可能被看作是客观的。"——《判断力批判》§40；参考［德］康德，《判断力批判》，邓晓芒译、杨祖陶校，北京：人民出版社，2002，第135—136页。

只有当预设了这样一个作为义务的共通感并付诸实行时，才能够确保趣味判断的必然可传达性。既然如此，那么根据这种共通感理念，我们必须引入反思性判断中的这个"他人"是谁呢？他就是作为有尊严的人格主体的他人，以及作为自律的内在主体的他人。

因此，要求我们必须根据共通感理念来判断会带来两个影响。一是我们将面临一个任务，它要求我们必须不断提高趣味判断的能力。我们无法立即到达共通感理念所指示的位置，我们只能在不断扩充审美感受性和教养的自我形成的道路上逐渐去接近它。

然而，这种提高趣味能力的陶冶之路既是改善一般判断力的途径，同时也是培养人性本身的途径。磨炼审美能力即深化人性的捷径。

那么，这里的人性是什么意思呢？它依然指的是道德人格。对于康德来说，人品始终基于道德感受性（而且，正如在第二章介绍《实践理性批判》时所看到的那样，道德感受性的核心在于"对道德法则的敬重"

这个先验情绪）。审美教养及自我形成最终走向的是道德兴趣。

但这似乎与趣味判断必须不受一切兴趣束缚这个原则相矛盾。不过，正如康德所直接强调的那样，趣味判断的条件在于无关心，"但并不能从中推论出，不能有任何兴趣与它结合在一起"（《判断力批判》§41）。随着产生于无关心中的趣味判断的满足感的深化，特定兴趣能够"间接地"与它结合在一起。

与趣味判断间接结合的兴趣首先是道德兴趣。虽然从道德兴趣出发并不能建立趣味判断，但只有在趣味判断中，我们才能获得走向纯粹道德兴趣的推动力。在审美判断能力提高的地方，我们可以指望一个美丽的道德共同体的诞生。

事实上，康德隐晦地指出，在经验领域中建立的一切社会性的源头上，存在着共通感理念（《判断力批判》§41）。也就是说，一切人际关系和社会秩序的根源上，都有着意欲从他人的立场进行判断的共通感理念。用现代术语来说，共通感理念可以说是"主体间性"① 理念，康德通过对趣味判断的分析，发现了主体间性理念和基于主体间性的共同体精神。

康德之后的德国浪漫主义② 将这一点发展为"审美国度理念"③。与之相反，德国观念论者（尤其是费希特和黑格尔）并非在艺术世界而是在法律领域探索共同体精神的基干，他们主张主体间秩序的开启和历史共同体的诞生需要从法律制度的形成角度进行思考。

进入二十世纪，汉娜·阿伦特试图回归康德的共

① 主体间性（intersubjectivity）：是指超越一个主体而对多个主体建立为共同的我们的相互关系。这种关系作为社会关系的根据和客观性的基础，在胡塞尔的现象学中占有重要地位。

② 德国浪漫主义（German Romanticism）：产生于十八世纪末，在十九世纪初达到繁荣时期，是德国精神史上的一股重要潮流，反对启蒙主义，主张思辨和形而上学倾向，谢林是这一学派的代表哲学家。

③ 审美国度理念（idea of aesthetic state）：由席勒提出并被德国浪漫主义者继承的一种政治哲学理念，认为真善美中的美是最高价值，而艺术游戏和沟通应该成为人际关系的模型。参见弗里德里希·冯·席勒《审美教育书简：关于人类审美教育的席勒美学理论》。

通感概念，重新建立政治哲学的基础，①而她的理念很大程度上受到了将德国浪漫主义的遗产——"审美国度"理念发展为"诗意的栖居"②理念的海德格尔的影响。

---

① 参见汉娜·阿伦特《康德政治哲学讲义》。在一些注释家看来，康德意义上的审美反思判断所经历的是对永远失去的神话共通感的痛苦记忆和哀悼。我们在审美体验中发现的是理想的、但现在已经消失的共同体痕迹，它所带来的愉悦来自对这样一个共同体的回忆。从这个意义上来说，康德美学是"哀悼美学"。J.M. 伯恩斯坦，艺术的命运。参见从康德到德里达和阿多诺的审美异化（J. M. Bernstein, The Fate of Art. Aesthetic Alienation from Kant to Derrida and Adorno（Cambridge: Polity Press, 1992），chapter 1。

② "诗意地栖居在大地上（poetic dwelling on the earth）"原本是荷尔德林的政治及诗学理念，后来晚年的海德格尔为了克服科技时代的存在论困境，又溯回并借用了这一理念。

美、崇高及自由

美与崇高的区别

除了趣味判断之外，审美判断还包括崇高判断。事实上，给予现代哲学尤其是现代法国哲学以决定性灵感的不是康德关于趣味判断的分析，而是他的崇高体验分析。康德的崇高理论为捍卫先锋①艺术的反再现主义哲学（拉康、福柯、德里达、利奥塔、德勒兹等）提供了一种指南针式的指导作用。

那么，什么是崇高呢？我们前面提到了使趣味判

---

① 先锋（avant-garde）：一种脱离现有的艺术观念或形式，在非理性主义的基础上追求创新性艺术的倾向，包括 20 世纪初欧洲出现的表现主义、立体主义和超现实主义等。

断成为可能的两个条件，即客观条件和主观条件。而崇高体验同样具有两个条件。

崇高体验并非以艺术作品为对象，而是主要以野外大自然中的极度大的东西为对象。崇高体验的客观条件是巨大的规模、超出想象的压倒性的大小或力量。崇高是由陡峭的悬崖、狂风中咆哮的大海、一望无际的沙漠等人类感观难以测量的自然之大激发的。

那么，崇高体验的主观条件又是什么呢？其主观条件有两个。首先第一个条件是判断主体必须经历无力与丧失。当面对一个巨大的大时，主体的想象力会因瘫痪而无法生成统摄它的图像，而图像化的不可能就意味着表象或把握的不可能。

这种不可能使判断主体感到完全的无能为力，因为调节诸认识能力的共通感以及整个心灵的表象生成程序都瞬间破裂，在崇高的大面前，"我思"分崩离析。美带来不断增加其自身含量的愉悦，但相反，崇高给人带来的是痛苦和不愉悦的情感。与美的体验相比，崇高体验是一种暴力体验。

那无须玄想而只是凭领会在我们心中激起崇高情感的东西，虽然按其形式尽可以显得对我们的判断力而言是违反目的的，与我们的表现能力是不相适合的，并且仿佛对我们的想象力是强暴性的。[①]

——《判断力批判》§ 23

崇高体验的第二个主观条件是抽象思维，即"无意象思维"[②]必须是可能的。意象化或表象的不可能即认识的不可能，但认识的不可能并不意味着连思维都是不可能的。相反，思维从认识结束的地方开始，当表象与意象消失时，思维从睡梦中醒来，因此，对位于再现性意象彼岸的抽象世界的思维变得可能。[③]

———————

① ［德］康德，《判断力批判》，邓晓芒译、杨祖陶校，北京：人民出版社，2002，第 83 页。

② 无意象思维（pensée sans image）：思维意象（image de la pensée）是指在哲学之前无意识地预设的思维坐标、思维方向和思维体系。相反，无意向思维是指在没有预设的思维意象的情况下发生的思维。这是德勒兹《差异与重复》中的一个术语。

③ 对这一点的详细解释参见 J.–F. Lyotard, Le ons sur l'analytique du sublime（Paris: Galilée, 1988）。利奥塔是一位将后现代主义的核心与崇高美学联系起来的代表哲学家。

既然先行的共通感已被破坏，那么始于此处的思维就必须从头开始，并且必须以新的方式建立共通感，也必须重新设定方向和构图。面对崇高的大，判断主体可以经历思维的更新和扩展，这是因为判断主体回到了虚无并重新开始思维。当判断主体意识到这种更新和扩展时，他就会感到某种快乐。因此，崇高使判断主体陷入一种复杂的情感中，在那里，无力所带来的不愉悦与思维更新所带来的愉悦交织在一起。

崇高与自由的原始发生

这里让我们回顾一下崇高的暴力性。美激发了诸认识能力，尤其是想象力和知性的自由游戏。此时，自由游戏就意味着诸认识能力相互刺激并激发上升，因而也就意味着每种认识能力都能各自发挥自己最大的力量。

当判断主体意识到这个自由游戏时，他就会感受到一种由内而发的生命感，以及一种处于自我含量运动中的愉悦感。而这一切能够成为可能，最终还是得益于使诸认识能力和谐统一的共通感。

然而，在崇高体验中，认识能力相互之间冲突、反目，以至于共通感本身陷入无法运作的状态。它们互相冲突并诱使对方超越自己的极限，其结果就是，诸认识能力在瘫痪状态或故障状态下运作，并且在这种故障运作下又达到了另一种新方式的统一。

打个比方，如果美是一位有着柔美歌喉的歌手，那么崇高就是一位以其嘶哑、破碎的声音而给人以感动的歌手；如果美是一块甜巧克力，那么崇高就是一块甜苦参半的巧克力。美带来认识能力之间的充满活力的和谐与自由统一，而崇高则激发了认识能力之间的不和谐的和谐与不统一的统一。

但具体来说，是什么与什么的统一呢？在美的体验中，想象力和知性自由统一。然而，在崇高体验中，为了解救变得无力的想象力，理性不得不代替知性登场。崇高带来的是想象力与理性之间的不统一的统一。

如前所述，理性能力不是为了认识，而是为了思维，理性思维以宇宙、灵魂和上帝等理念为原理。在崇高体验中，我们的想象力被召唤至这些理念所指示的无制约者面前，因此，如果说美间接地孕育了对对象的爱（兴趣），那么崇高则唤醒了对赋予理念世界以具体性的自由的信念。

在解释这一点之前，让我们继续了解一下美与崇高的区别。基于康德的认识能力理论，可以如何对趣味判断与崇高体验进行比较呢？这两种心灵状态的关键性区别又在哪里呢？当我们把共通感置于中心时，就能完美地解答这个问题。

在趣味判断中，对诸认识能力的关系进行调节的共通感恢复到最原始、最自由的状态，即共通感回到了一个可以发挥其可能性的最佳状态。而与之相反，在崇高体验中，共通感则先是陷入无法运行的瘫痪状态，继而又恢复一个奇异却又全新的运行线路。即它经过了一个发生与再生的过程。

这就意味着诸认识能力之间的相互关系脱离了固定模式而以一种完全不同的方式被建立起来，即我们的心灵从过去的均等框架中解脱出来并逐渐创造出一个新的框架。崇高给予我们心灵以重生的机会。

可以想象一下合唱团合唱的场景，合唱时重要的不是每个成员的个性，而是整首歌的和谐。为了整体的和谐，成员们必须努力扮演好他们所各自分配到的角色，而为此，有时他们不得不扼杀自己的个性。理论判断或实践判断就是这样的情况，在这两种判断中，为了普遍性这个共同目标，每一种认识能力都必须绑定一个固定的角色。

然而，趣味判断的情况就完全不同了。在趣味判断中，普遍性反而只有在每种认识能力都各自自由流动并展示其自身个性时才能够实现。要成立一个好的合唱团，其成员就必须听指挥，但只听指挥是远远不够的，最重要的是，他们每个人还必须具备出色的资质和自由表演的能力。

同样，判断力越出色，认识能力就越需要遵守相应的规则，但这还不够，除此之外，每一种认识能力还必须具备脱离固定框架，进行自由游戏的能力。就像民主主义一样，虽以法治为基础，但法律又以每个社会成员的自由为前提。因此，趣味判断是其他一切种类的判断所预设的原始事实暴露于外的契机。这是一种怎样的事实呢？即诸认识能力都可以自由地发挥其最大能力。

我们的判断始终基于诸认识能力自由游戏的可能性，无论这个判断是规定性的还是反思性的。因此，在这种游戏的可能性被明确体现出来的趣味判断中，我们面临一个原始条件，而这个原始条件就是其他一切种类判断的根基。

然而，崇高体验揭示了一个更为根本的领域，即展现了隐藏在我们心灵之中的再生的可能性。一个政治团体或组织的再生能力只有在危机情况下才能够得到检验，正如一个组织的生命力只有在陷入危机时才能够得到验证，诸认识能力（更准确地说是共通感）的发生及再生的力量也只有在崇高体验中才能得到证明。①

————————
① 参见吉尔·德勒兹《康德的批判哲学》。

从自然界的崇高到我们内心中的崇高

崇高有两种：一种是数学的（mathematical）崇高，另一种是力学的（dynamic）崇高。数学的崇高由自然界的广阔视野和足够的大激发；而力学的崇高，无论是可见的还是不可见的，都由一种引发对死亡的恐惧的可怕力量激发。

与银河系相比，地球看起来比尘埃还要渺小；在巨大的金字塔或一望无际的沙漠面前，人类被完全压制。数学的崇高就是由这种空间规模造成的。而在喷发的火山、汹涌的大海、过境后留下一片废墟的飓风以及呼啸而下的瀑布面前，我们则体验到力学的崇高。

在数学的崇高中，想象力与理论理性相结合，而在力学的崇高中，想象力则与实践理性相结合。即，根据崇高的不同，与想象力相结合的理性的种类也有所不同。

崇高与美构成了古典美学的两大范畴。艺术家不仅仅追求美，同时也追求崇高。然而现在的艺术家却似乎对精美造型不太感兴趣，他们反而表现出一种疏远美的美学、追求"丑的美学"①的倾向。而支撑这种"丑的美学"的，就是崇高论。从这个意义上，可以说现代美学的中心是崇高，而非美。

不过，在谈到崇高时，康德说自然界的崇高只是为了唤醒我们内心中的崇高。自然界中发生的崇高体验，只是道德法则所引发的崇高体验的序幕。下文是康德在崇高论结尾部分叙述的一段话。

自然界在我们的审美判断中并非就其是激起恐惧的而言被评判为崇高的，而是由于它在我们心中唤起了我们的（非自然的）力量，以便把我们所操心的东西（财产、健康和生命）看作渺小的……所以，自然界在这里叫做崇高，只是因为它把想象力提高到去表现那些场合，在其中内心能够使自己超越自然之上的使命本身的

---

① 丑的美学：艺术的表现内容在破坏审美形式的过程中，引起崇高、力量、悲壮等情绪反应时的审美情感。是使艺术作品中的美更加复杂和丰富的因素。

固有的崇高性成为它自己可感到的。[1]

——《判断力批判》§28

　　喷涌而下的瀑布、能吞噬一切的飓风、汹涌怒吼的海洋……诸如此类，最终唤起了隐藏在我们内心中的可怕力量，并且只有在这种条件下，自然现象才能够被体验为崇高的东西。这些现象在我们内心中所唤起的力量是什么呢？具体来说，它是一种使我们能够大胆地放弃或无限蔑视物质财富、权力，甚至生命的力量，而这些东西往往在世俗生活中被认为是非常重要的。

　　自然界的崇高唤醒我们：我们拥有比台风、比愤怒的火山更可怕的力量。而自然界的崇高所带来的战栗只不过是我们体验隐藏在我们内心中的可怕力量的契机。

　　这个力量来自对道德法则的敬重，并且这种敬重

---

① ［德］康德，《判断力批判》，邓晓芒译、杨祖陶校，北京：人民出版社，2002，第101页。

延伸为一种道德使命感，这个使命感要求我们应该作为人而不是动物去生活。这种使命感与对人类尊严所依据的自由意识及由其展现的理念的认识相伴而行。①拒绝被想象力统摄的崇高的大，不过是通往道德理念世界的垫脚石而已。

自然界的崇高只是在并非本来的意义上这样称呼的，它本来是必须被赋予思维方式、或不如说赋予人类本性（自然）中这种思维方式的基础的。②

——《判断力批判》§ 30

自然界的崇高并非本来意义上的崇高，本来意义上的崇高是我们内心中的道德法则或自由。真正意义

---

① "我们可以这样来描述崇高：它是（自然的）一个对象，其表象规定着内心去推想自然要作为（道德）理念的表现是望尘莫及的。"《判断力批判》，〈对审美的反思判断力的说明的总注释〉；[德] 康德，《判断力批判》，邓晓芒译、杨祖陶校，北京：人民出版社，2002，第108页。
② [德] 康德，《判断力批判》，邓晓芒译、杨祖陶校，北京：人民出版社，2002，第121页。

上的崇高，是只能够被赋予给以道德使命感为核心的
人类本性的称呼。

崇高与至善

让我们先来简要回顾一下康德自由论的演变过
程。在《纯粹理性批判》中，康德满足于一个消极的
结论，即自由因果性和自然因果性不是互斥的而是可
以并存的。

在《实践理性批判》中，他进一步得出结论：自
然秩序与道德秩序、自然世界与自由世界可以统合为
一体，换言之，即至善是能够被希望的。除此之外，
他又添加了一个公设理论：即为了这个希望，我们必
须接受包括上帝存在和灵魂不朽在内的几个预设。

而在《判断力批判》中，康德又进一步发展了这
一结论。他不仅止步于对自然秩序与道德秩序的统一
（至善）进行悬设，还提出了对此进行悬设的证据，即
美与崇高是证明看似互斥的自然世界和自由世界能够
统合为一体的证据。

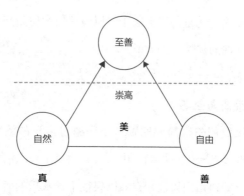

康德将美和崇高视为证明至善的可能性的证据，并认为理论理性和实践理性在崇高中统合为一体。

正如我们前面所看到的，在康德美学中，艺术作品，是它所表现的审美理念，是赋予道德理念以直观的象征。在确保趣味判断的必然可传达性的共通感理念中，同样也隐藏着联结道德理念的纽带。这是因为共通感理念要求人性的陶冶，而人性的陶冶则暗示着朝向道德人格完善的无限的自我形成。

而在崇高论中，这个联结纽带则表现得更为清晰。只有在唤起对道德法则的敬重和对自由的意志时，崇高才能够成为崇高。在这一点上，这个联结纽带体现得尤为明显。

康德试图通过他的艺术哲学来展示想象力的自由和意志的自由在结构上是如何相同的。以审美判断的想象力与实践判断的自由意志之间的衔接关系为依据，他试图告诉我们：美与崇高的世界是展示至善可能性的实质性证据。

因此可以说，证明理论理性和实践理性能够在崇高中统合，是《判断力批判》前半部最重要的意图。而在后半部对目的论判断的分析中，这种统合的可能性再次被证明。

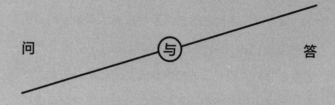

問 与 答

康德哲学对现代社会中的
我们有何意义？

再次强调，康德是确立哲学的近代地位和同一性的哲学家。当今哲学纠结于哪些问题，又以何种方式解答这些问题？面对这样的疑惑，必须首推的哲学家就是康德。康德准确并系统地阐述了近代社会提出的各种哲学问题，并针对这些问题给出了参考答案。

在康德给出的参考答案中，最吸引现代人的也许就是第二批判中包含的伦理学。现代科学技术迅速发展的同时，也投射下了一层虚无主义的阴影，自然界中包括人在内的万物都沦落为被可怕的技术操纵的对象，而在这样一种环境中，对于世界只有无意义的物质和盲目的自然法则存在的确信势必会传播开来。

然而，康德不仅对遵循自然法则的因果关系的可能性进行了发问，同时也对遵循自由意志的因果性的可能性进行了发问，并且在全人类共同朝着道德法则所展现的自由王国这个目标前进的使命感面前感到战栗。

康德阐释了区别于科学普遍性的道德普遍性如何可能的问题，而他对此进行的一切阐释都是从对我们的心灵作出与过去不同的定义这个起点出发的。在康德之前，人们主要依据镜像模型来理解心灵，在这个模型中，心灵只是被动地对事物进行再现。而与此相反，康德则依据设备模型来分析心灵，在这个模型中，心灵被设定为一个功能各异的诸认识能力的集合体，现在心灵就如同一台生成表象的机器。

现在的人工智能研究都需要借助这个心灵模型，而康德就是首个提出这个心灵模型的哲学家。将心灵视为一种信息处理装置的观点，最早出现在康德关于理论判断机制的第一批判中，之后在对审美判断和目的论判断的判断机制进行分析的第三批判中，其内涵得到了进一步深化并最终得以完善。

然而，这并不是康德在人工智能时代变得越来越重要的唯一原因。最重要的是，康德认为关于道德价值和审美价值的问题与关于科学——技术价值的问题同样重要，而前者通常在人工智能时代轻易就被遗忘。康德不仅对道德和审美的问题给予了关注，还为解答这些问题做出了示范。

第四章

康德的生态革命
——从机械论到有机论
《判断力批判（下）》

近代科学遗失的自然界的生态意义，在《判断力批判》的下半部中被康德恢复。沉寂于无意义的沉默之中的自然，作为可以与人类进行对话的对象和教导人类以人生意义的智慧源泉而重新复活。

自然界是
如何被认识的

将自然界认识为生命的古代自然观

至此，我们依次总结了康德为理论哲学、实践哲学和艺术哲学带来的重要变化。这些变化的核心在于，判断真伪、善恶、美丑的标准不在外部对象中，而在主体之中。比如，美不是属于对象的实在属性，而是与判断主体所体验到的某种愉悦（无关心的满足感）有关的东西。

然而，这并非康德哲学的全部内容。在《判断力批判》的后半部中，康德又带来了另一个"哥白尼转向"，这个转向可以用一句话来概括，即"从机械论自然观到有机论自然观"。十七世纪以来，随着现代科学的发展，人们相信一切自然现象都可以用机械因果律来解释。康德却创立了与这种机械论自然观相对立的有机论自然观，"有机"即"有机体"，"有机体"是"有生命的事物（生命体）"的别称。

如果说《判断力批判》的前半部以美的事物为中心，那么后半部就以有机生命体为中心。对美的判断以（被概括为共通感理念的）主观合目的性为基本原理，而对有机生命体的判断则以（被概括为"自然目的之物"理念的）客观合目的性为基本原理。

然而，有机论自然观并不是康德首创的。在古代东方与西方，人们将自然界视为一个生命体，康德只是根据当代的哲学思路重新恢复了这种古代自然观。

在古希腊，人们通常将自然事物置于与人为事物的对立关系中去理解它。两者之间的区别在于它们各自表现出来的运动性质不同，即自然事物是由于自发运动原理而自行运动的事物，人为事物则是因外力而被迫强制地运动。

例如，植物、动物或天体都靠着自身力量运动，但椅子、桌子等人造物除非被施加外力，否则不会运动。因此，如果说自发性是自然事物的基本属性，那么惰性（inertia）就是人造物的基本属性。

古代人认为自然界由无数种与属组成，而这些种与属形成了一种等级秩序。在这个纵向的秩序中，越居于上位，身份就越高贵；越居于下位，身份则越低微。

因此，古代人认为，不仅在自然界，在人类社会中显然也存在着这样一个纵向的等级秩序。对于古代人来说，人人平等是完全无法想象的。

上下等级与歧视的存在是如此理所当然，以至于不平等并不被视为一件坏事。个体所属的种和个人所属的身份反而像是一道栅栏，保护着他们的某种身份属性。这道栅栏也成了一个让个体能够确信世界存在的目的或意义的最基本的依据。

古代自然观的理论代表是亚里士多德，他用四个原因解释了自然界发生的一切运动。举一个简单的例子，假如要建一座房子，那么首先就需要一张设计图，这个设计图就相当于房子的概念，亚里士多德称其为"形式因（formal cause）"。

但在亚里士多德看来，还有一个比形式因更重要的原因，那就是"目的因（final cause）"。因为在设计房子时，首先要知道房子的用途或建造的目的，只有在知道它是住宅用房还是办公用房的前提下，才能够开始设计。房子建成之后，评价房子好与坏的标准也在于目的因。因此，目的（design）优于形式（form）。

然而，只有目的和设计图，并不代表房子就能建成。要按照设计图建造房子，还需要土壤或木材等材料，另外还需要实际承担建筑工作的特定劳动力。亚里士多德将它们分别称为"质料因（matterial cause）"和"动力因（efficient cause）"。

亚里士多德认为，在对一个事物进行理论阐释时，应该根据以上四个原因来进行考察。正如前面所强调的那样，这四个原因中最重要的是目的因。

目的因之所以最重要，是因为对于一个个体而言，如果说种或形式确保了其身份属性，那么目的因则指明了其形式在整个自然界中的存在意义或变化方向。

将自然界认识为机械的近代自然观

随着十七世纪的科学革命，这种生物学的和目的论的自然观崩塌，垂直结构的存在理解被水平结构的存在理解取代。这种崩塌与取代的过程是两种相互交织的新趋势共同影响的结果，其中一种趋势是通过模拟机器的运行来解释自然界的创造力，另一种趋势则是将数学视为自然界的语言本身。[1]

伽利略、笛卡尔和牛顿等十七世纪的科学家提出回归到毕达哥拉斯—柏拉图传统，通过数理语言而非自然语言去解释自然界的变化。这个建议后来被普遍接受，时至今日，数学公式和统计方法被广泛应用于自然科学与社会科学中。

直到十七世纪以后才出现在科学书籍中的数学公式，被伽利略和笛卡尔视为自然界的存在论语法本身。

---

[1] 详细解释请参阅金上焕，《近代世界观的形成：笛卡尔和黑格尔》（Epiphany，2018），第1章（近代世界观）。

于是，在这种对存在的数学理解中重生的自然界，开始变得与过去全然不同。

古代人认为，自然界具有自发运动的原理。就像花朵在春天到来时绽放自己的生命力一样，运动不是从事物外部施加的，而是从事物之中涌现出来的某种东西。

当自然界被翻译为几何空间或数学秩序时，一切都发生了变化。此时，运动成了像人造物一样的东西，它只能依靠机械因果性发生和变化。

近代科学家认为，亚里士多德提出的四个原因中，除动力因之外的其他三个原因都是无意义的，并且将事物的运动定义为只由动力因引起的机械性因果关系的结果。

从此，事物与运动的关系变得与以往全然不同了，现在人们普遍认为，事物若想运动，必须要有一个源于外部的冲击和力量。古代意义上的"physical"，指的就是有生命、可以运动的自然。

然而，近代意义上的"physical"指的是物理的而非自然的，而物理的东西就意味着其本身是惰性的且其中没有任何内在深度。它与古代人所认为的具有人眼无法看透的内在深度及自发运动原理的自然事物完全相反。

随着自然界概念的变化，机械论自然观由此产生。在笛卡尔看来，不仅是矿物等无机物，除此之外，有机生命体也是机械因果性的产物。就像由发条驱动的钟表一样，狼和人等动物也只是可以精巧运动的自动机器而已，这个世界上所发生的一切自然现象都是按照机械运作的原理运动的。

例如，当遇到狼时，羊会因恐惧而惊叫、逃跑，对于这样一个复杂运动，没必要预设心理内在性，而应该将其看作一种由神经系统的紊乱和不平衡造成的物理现象，因此应该从机械因果律的角度去解释它。

在这种机械论自然观中，由上帝之手缔造的自然产物和由人类之手缔造的人造机械在存在论上其实是同一种类的事物。当然，自然产物和技术产物在精密度和复杂性上有着无限不同，但是，它们之间的差别也只是在于程度上的不同，其根本运行原理不存在任何差异。

在笛卡尔的自然科学中，一切生命也都被还原为物理现象。因此，生命的固有特性（生命力）完全消失，即生命体与机械之间的差别消失。

既然如此，那么生命体死亡意味着什么呢？就像一个齿轮运转正常的钟表，因为某个零件发生故障而突然停止转动，生命体的死亡就类似于这样一个过程。

如今，分子生物学依然秉持着这种不承认生命固有特性的机械论自然观，这门学科计划将生物学过程全部还原为物理—化学法则从而对它们进行解释。此外，DNA 操作和再生技术同样也是这一想法的延伸。

第四次哥白尼革命

对于这种主导十七至十八世纪的机械论自然观，康德从未有过怀疑。毕竟从知性的观点，换言之，从理论认识的观点上来看，他认为势必要接受机械论自然观。

但从另一种观点，即理性的观点上来看，机械论有明显不足，且这种不足只能由有机论来弥补。

那么机械论的不足之处在哪里呢？答案是它没有对生命现象予以充分解释。康德如是说道：

> 绝对没有任何人类的理性，能够希望从单纯机械的原因来理解哪怕是一株小草的产生。[①]
>
> ——《判断力批判》§77

从机械的原因无法理解的东西，就是生命体赖以生存的逻辑以及赋予该逻辑以意义的目的。存在于自然界的创造与毁灭中的意义或目的，是无法从知性的观点（理论科学的观点）去证明的。

但是，如果缺少对这些东西的一定理解，那对未知自然的科学探索将会失去方向，或者将会因碰壁而无法前行。至少为了探求经验规律和扩展科学知识，

[①] ［德］康德，《判断力批判》，邓晓芒译、杨祖陶校，北京：人民出版社，2002，第263页。

也必须将有机论自然观预设为一种规制原理或启发性假设。

康德从两个方面对此进行了论述。一方面，他论证了有机论与机械论可以共存；而另一方面，他又阐明了支撑有机论的目的论判断的原理。后来，德国浪漫主义和德国观念论继承了康德的这一观点，并开启了有机形而上学的时代。

当然，康德反对在存在论上将生命体绝对化。但尽管如此，我们还是可以说，如果没有康德实现的这一决定性转折，那在其之后为哲学史增光添彩的各种有机形而上学将很难问世。而在德国观念论之后的二十世纪，柏格森、怀特黑德和德勒兹等哲学家又进一步发展了生命存在论和有机形而上学。

他们在吸收了科学发现的新成果之后，试图提出与十九世纪的学者完全不同的生命概念。然而不可否认的是，他们还是要感谢康德在《判断力批判》后半部带来的这个新的转向。尽管不太完整，我们依然可以根据哥白尼图式对这一转向进行如下图解。

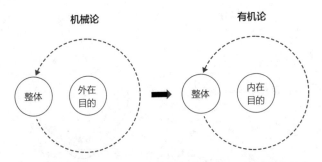

机械论　　　　　　　　有机论

康德推翻了科学革命之后兴起的机械论自然观，重新对有机论自然观这种古代自然观进行了正当化论证。

　　机械论认为，相互不同的部分根据外部强加的计划而成为一个整体。相反，有机论则首先提出了这样一种结构，在这个结构中，整体的计划已经被内在地赋予，部分根据这个被内在赋予的计划结合在一起。因此，在机械论中，外在目的居于中心，整体围绕外在目的旋转；反之，在有机论中，内在目的居于中心，整体围绕内在目的旋转。

　　为了使这个图式更加完整，必须添加对力与因果性的指示。即在机械论中，力是从外部作用的运动力；而在有机论中，力是其自身内在的形成力。

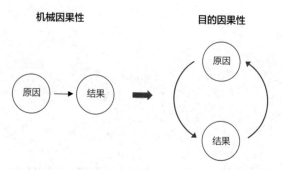

机械因果性　　　　　　　　　目的因果性

机械因果性是单向的、不可逆的；与之相反，目的因果性则是双向的、可逆的、周而复始的。

除此之外，机械论中的因果关系是单向的、不可逆的，而有机论中的因果关系则是双向的、可逆的。因此，我们可以将《判断力批判》后半部所展示的哥白尼转向大致勾勒如上图。

关于有机体的争论

理想的生命体模型——自然目的之物

康德的有机论在某些方面类似于亚里士多德的有机论。但它是一种经历了机械论时代而以更严谨的形式重现的有机论，这个新生的有机论的核心内容就是将生命体定义为"自然目的之物"[①]（《判断力批判》§64—65）。

---

① 自然目的之物：德语原词为"Naturzweck"，英文译语为"natural purpose"。在韩语翻译中，它通常被译为"自然目的"。然而，这种字面意义上的翻译造成了很多混乱。因为康德用这一词所指的是某种理想的生命体或有机体，因此不是这些或那些种类的目的之一。因此，这里将康德的"Naturzweck"译为"自然目的之物"。自然目的之物是从一开始就在自己内部具有目的的事物。

但康德所说的自然目的之物不能与两个东西混为一谈。首先，它不是可能存在的这样或那样种类的目的之一，它不是指特定种类的目的，而是指在其自身之中具有特定种类的目的的自然事物，即生命体。另一方面，它虽是生命体，但不是经验领域的个别生命体，它指的是被先验构成的理想生命体或这个生命体的有机结构。

被称为自然目的之物的理想生命体实现内在于其自身之中的某种目的（计划），并且在这一点上，它区别于根据外部所给予的计划或目的被生产出来的人造产物。

如果说《判断力批判》的前半部阐明了将使我们的心灵富有生命的东西（美）作为对象的趣味判断原理，那后半部则阐明了将自然界中有生命的东西作为对象的目的论判断原理。

并且，如果说在趣味判断分析中，生命感的理想原则是共通感，那么在目的论判断分析中，生命体的理想模型就是自然目的之物。可以说，共通感是自然目的之物的美学类比，而自然目的之物是共通感的生物学类比。

因此，在进一步考察对生命体进行定义的自然目的之物前，让我们先来了解一下康德对目的概念的提示。目的概念以某种设计及设计者为前提，因此，所谓设计或计划似乎只能适用于人造产物，而无法适用于自然产物。

以椅子或桌子等产品为例。这些物品并不是随意组合起来的，而是各部分根据对整体进行掌握的概念或意图结合在一起的。康德认为，我们首先只能够将目的一词用于技术性制造出来的物品。既然如此，那么是否能将目的概念应用于自然现象上呢？

康德之所以提出这个问题，是为了反对试图将目的论观点无差别地应用于一般自然现象上的态度。假设河流携带的沉积物可以成为有助于植物生长的沃土，那由此便可以推断，河流的流动以植物的生长为目的。在自然界中，有着无数与之类似的情况：一种现象（例如牙签鸟）神奇地有益于另一种现象（鳄鱼），因而它们看似存在着目的论上的关系。

康德将这种自然现象之间通过互利或有用性建立起来的关系称为"外在合目的性"或"相对合目的性"关系。但与此同时，他认为将目的概念应用于这种外在合目的性关系上的证据不足。因为这些关系是偶然建立或任意建立的。

然而，这并不意味着康德完全否定将目的概念应用于自然的可能性。因为有些生命体不能完全用物理法则来解释，比如动物和植物。

从盲目的机械因果性的角度来看，每个生命体都有一个看似神秘、精细而又经济的结构。除非假定这个令人惊奇的结构是根据隐藏在生命体之中的计划或目的形成的，否则很难理解这个现象。

"有生命"的含义

康德通过对自然界中所经验的生命体的结构和特征一一进行分析，并对目的概念的必要性进行了正当化论证，构建了理想的生命体模型（自然目的之物）。

既然如此，那么生命体的结构性特征是什么呢？康德首先指出了第一个特征——"自因性"。

生命体不是依赖于外部原因而存在的，而是依赖于其自身存在的。生命体既作为自己的原因而存在，同时又作为自我原因的结果而存在。这就隐含着一个悖论，即它自身在（作为结果）存在之前必须已经（作为某种原因）存在。

康德认为，要建立生命体的这种悖论的存在方式，需要两个条件：

第一个条件是部分与整体必须置于一种特殊关系中。在这种关系中，各部分就其存在和形式而言只能依赖于整体才具有意义。只有当明确部分的原因及部分所负责的工作或角色都为整体服务时，它才是能够被理解的。

第二个条件是，不仅是部分与整体之间，部分与部分之间也必须建立某种特殊关系。这是一种各部分之间互相交互作为因果的关系，同时在这种相互依存中，部分结合在一起并实现整体的统一。部分和部分之间互惠地产生协同效应并相互结合，从而形成某种动态的统一，而只有这样的东西才是一个有生命的东西。

通过以上推论，康德最终得出了有机体的定义。根据这个定义，有机体是一项工作的主体，这个工作就是"各部分不管在形式上还是结合上都交互生产，并因此从自身的因果性中生产出一个整体（《判断力批判》§ 64）"。

古代人认为自然事物的核心在于自发运动的能力。康德将这种自发运动重新概括为自因运动。

为了更详细地解释这种自因性，他比较了树和表。在机械论自然观中，表常常作为解释自然现象的比较模型。在这个比较中，代表生命体的树在三个方面上展现了鲜明的特征：

第一个特征是种概念上的再生产。一棵树生长并结出种子，从种子中又长出一棵新树，所以结出种子的树是从种子里长出来的树的原因。从通过这种繁殖过程永久保持着自己的种的角度上看，树是树的原因。

从这个意义上，可以说树是自因存在者。

第二个特征是个体的再生产。比如，树具有在受伤后进行自愈和自我改善的能力，如果有一个地方出现损伤，那它的其他部分会协力将损伤部位恢复如初或直接接管损伤部位的功能。从这个意义上，可以说树是以其自身为原因而存在的。

最后一个特征是部分与部分相互依赖于彼此的功能，例如根和叶。没有根，叶就无法生存；没有叶，根就无法生存。树通过各部分之间的相互依赖和互惠生产来保护和维持着自己，就这一点，可以说像树这样的有机体都是自因存在者。

与树不同，表完全不具备这三个特征。它既不能生产出与自身相同的个体，也无法在故障时进行自我修复。其部分与部分之间并不是在密切的互惠关系中互为原因，而是构成一种外在关系，这种外在关系由机械因果性建立。在这里，虽然原因 A 产生结果 B，但 B 不能重新成为 A 的原因。

相反，在树等有机体中，A 既是 B 的原因，同时又是 B 的结果，也就是说，一个事物既是另一个事物的目的，同时也是这个事物的手段。这就是与机械因果性所不同的目的因果性，它的特点是双向的。

康德称这种双向的因果性为"交互的"或"互惠的"。此外，为了解释有机体所具有的自我再生和自我修复能力，康德还对以下两种力进行了区分。

> 机器只有运动力（bewegende Kraft），而有机物则在自身中具有形成力（bildende Kraft）……这是一种能繁殖和形成自己的力，它单凭运动能力（机械作用）是不能解释的。
>
> ——《判断力批判》§65

诸如表之类的人造物只能依赖于根据动力因的外部运动力来运作；与之相反，树等生命体则具有能够形成自身的形成力。

当然，如前所述，人工制品也预设了一个设计者，并且在任何设计中，在部分之前都必须先建立整体的概念。就根据预先计划好的整体概念来组织部分这一点而言，人工制作是目的论的，只要其部分的形式和结合方式是由整体这个目的论观点决定的，那它就遵循与有机生产相同的逻辑。

然而，人工制作与有机生产之间横亘着一道无法逾越的深渊。康德试图通过区分两种因果性（机械因果性和目的因果性）和两种力（运动力和形成力）来解释这个如深渊般的差异。

围绕有机体的诸立场

在康德阐明有机体的固有逻辑之时，哲学上围绕这个问题有着许多不同的立场。康德介入了它们之间的争论，并且更加清晰地阐明了自己的观点。关于有机体的立场尤其是形而上学的立场，主要包括观念论（idealism）、物活论（hylozoism）和有神论（theism）。

首先，观念论认为，生命现象或其所遵循的目的论秩序并不是实在的，它们不过是作为人类观念存在的某种东西而已。将世界秩序视为偶然产物的伊壁鸠鲁，以及严厉批评目的论思维的斯宾诺莎，都是这一立场的主要代表。

除了斯宾诺莎，伽利略和笛卡尔等十七世纪的主要科学家和哲学家也大多摒弃了目的论，转而拥护机械论。他们主张自然界中只存在着机械法则，生物现象和目的论秩序都只是作为人类头脑中的观念存在的假象而已。但康德却认为，机械论和目的论是可以并存的。

其次，物活论将物质本身视为有生命的东西。古代的东西方，都曾出现过这种物质观。这种观点认为物质之中存在着心理的、有灵的要素。与康德同时代的哲学家迈蒙便是这种物活论的代表，他从物活论的角度重新诠释了《纯粹理性批判》。

二十世纪的柏格森、怀特黑德和德勒兹等哲学家也持与迈蒙相似的观点，即认为理念要素孕育于物质之中。此外康德的得意门生、现代历史哲学的先驱赫尔德，也持物活论自然观。

康德对这种物活论大加批判，他不仅局限于将有机逻辑视为为了某种发现的假设或为了某种体系构成的规制原理，还反对在存在论上将其绝对化。

最后，有神论的基本主张与亚里士多德学派的目的论自然观一样，主张一切自然事物都是按照以上帝为至高存在的目的—手段关系被有机构造的。这一观点认为，整个自然界是一个有生命的有机体，上帝是组织这个有机体的整个目的因果秩序的终极目的。

这种理论被称为"自然神学"，康德也持类似的立场。即自然界作为一个整体构成一个单一的"目的系统"，并预设上帝为这个系统的设计者。康德之所以揭示有机体的判断原理，最终是为了论述对上帝存在的"道德证明"。

为什么需要有机体假设

在康德的时代，除了这些古典理论之外，还出现了对有机论提出强烈反对意见的理论，其中一个就是先成论（preformationism）。根据这个理论，一切生物都是上帝预先创造的。

我们的身体就像俄罗斯套娃（matryoshka）一样，已经将我们后代的身体以微小却完整的形态内置于我们之中。因此，生殖和繁殖等自我的再生产都是按照机械和物理的法则发生的。世界上的一切动植物都是由上帝预先创造后，随着时间的流逝和物理法则出现又消失的。

另一个是认为物质与力同一的理论，牛顿是这一理论的代表，主张一切生物现象都可以用重力或引力等物质的力来解释。

针对这两种立场，康德进行了反驳。康德认为存在着两个世界，即现象世界（经验世界）和理知世界（理念世界），有机论及目的论判断的原理并不是实际构成现象世界的经验对象的原理。它不是"知性的构成原理"，而是"反思性判断的规制原理"，它只是为进入理知世界理性所必须接受的假设原理而已。

康德强调，他的有机论是指导科学性自然探究的启发性原理。这种原理是我们从理性而非知性的观点看待事物时、我们所投射在自然界中的原理，也是为科学探索提供方向和蓝图的"假定 as if"原理。

它并不是解释经验现象的客观原理，在这一点上，审美判断的原理也是一样。审美判断和目的论判断都属于反思性的判断，且都不探求事物的真实样子，它们探求的只是一种赋予判断主体的思考以意义的主观原理。

目的论判断原理不能被视为客观真理本身，而应该仅仅作为对科学探索的启发性原理和对科学发现进行高效系统化的指导原理。这就是康德作为一个启蒙主义者和坚信近代科学的哲学家的立场。

康德还指出，我们之所以必须接受有机论作为假设，是因为人类具有有限性。在科学发展之前，人类通常将雷、电等自然现象理解为上帝的愤怒，并且相信如果进行祭祀，那么上帝就会平息怒火，这些现象也会随之消失。随着科学的进步，人类开始认为这种信念是可笑的。然而不可否认的是，人类依然是有限的存在者。

尽管取得了无数的科学发现和成果，人类依然被一种深不可测的无知所阻挡。人类无法像上帝一样全知，而是只能知道那些部分的、表面的现象。正是出于这个原因，在走向未知世界的科学探索本身之中，我们才需要一个有机体模型或目的论判断原理来作为超越科学的假设。

在这里，让我们回顾一下前面康德提到过的判断力的"步行器"。为了在抽象的世界中行走，缺乏判断力的人必须依靠一个"步行器"，这个"步行器"就是帮助将概念性的东西直观为具体的东西的经验性实例。

同样，从根本上有限的人类在面对自然界的奥秘或巧合时，必须借助某种东西才能够前行，这个东西就是目的论判断的原理，同时也是有机体模型。生命现象是单凭机械论所掌握的人类知性无法被解释的谜，而解开这个谜的假设模型就是有机论。

美的自然与有生命的自然

人类知性与上帝知性的区别——德国观念论的起点

首先让我们来看一下康德是如何对人类知性与上帝知性进行比较的。

因为我们的知性有这样的属性，它在自己对例如说一个产物的原因的认识中必须从分析的普遍（从概念）进向（被给予的经验性直观的）特殊……但现在我们也可以思维一种知性，它由于不像我们的知性那样是推论性的，而是直觉的，它就从综合的普遍（对一个整体本身的直观的普遍）进向特殊，也就是从整体进向部分。①

——《判断力批判》§77

考虑到康德之后哲学史上发生的变化，这段话可能就是《判断力批判》中最重要的部分了。因为这里所指出的内容或许就是通往德国观念论的起点。②

这段话指出，人类知性与上帝知性都寻求某种普遍性，就这一点而言，它们是相同的。然而，它们所到达的普遍性又是完全不同的。有什么不同呢？人类知性所到达的普遍性是"分析性的普遍（analytic universality）"，而上帝知性所到达的普遍性则是"综合性的普遍（synthetic universality）"。那么，什么是分析性的普遍？什么又是综合性的普遍呢？

分析性的普遍是指脱离个别事实的普遍性，而与

---

① ［德］康德，《判断力批判》，邓晓芒译、杨祖陶校，北京：人民出版社，2002，第 260 页。
② 详细说明请参阅 J.-F. Marquet, "Kant et l'inconditionné"（1999）in Restitutions: études d'histoire de la philosophie allemande（Paris: J. Vrin, 2001），第 7—17 页。

之相反，综合性的普遍则是指与个别事实合为一体的普遍性。分析性的普遍对应抽象普遍，而综合性的普遍则对应具体普遍。

我们人类从个别的、特殊的事实中提取共性，并摒弃其中异质的内容从而得出一个普遍的概念。因此，这个概念只能是抽象的。而这个抽象的概念因为脱离了具体内容，所以具有一定的局限性。其局限性就在于它使一切没有被还原为概念的东西都成为偶然的甚至是毫无意义的东西。人类所掌握的概念由于是抽象的结果，所以脱离了感官内容，而这些内容的很大一部分都因为没有被概念所把握而被掩埋在了无意义的阴影中。

然而，上帝知性所掌握的概念却恰恰相反。它不是通过摒弃特殊事实得出的概念，而是完全与整个事实相符的概念。人类知性是通过对直观内容进行推论从而得出概念，而上帝知性则是在直观的同时概念性地把握，又在概念性地把握的同时直观。对于上帝知性而言，直观与概念不是相互分离的，而是共同组成同一个事态。

因此，与人类的概念不同，上帝的概念具有形式与内容、普遍与特殊结合为一体的综合性的普遍。上帝知性是直观的，而上帝直观则是智性的。与上帝的智性直观（直观的知性）有关的一切都在某种必然性中被掌握，而一切在人类知性看来是偶然的或神秘的东西，都会被上帝知性感知为"清楚明晰"的东西。

在康德提出这种由智性直观所掌握的概念具有综合性的普遍之后，德国观念论又提出一个预设，即所谓哲学概念必须具有这种综合性的普遍。

当科学概念只具有脱离具体内容的分析性的普遍时，哲学概念必须具有与具体内容共同合为一体的综合性的普遍。也就是说，进行哲学探究的器官不应该是脱离直观的知性，而应该是与直观合为一体的知性，即智性直观。

在德国观念论中，哲学被定义为通过智性直观向理知世界（无制约者们）的诸观念前行的探究活动。而这个新的哲学史转折就是源于康德对"是分析性的普遍还是综合性的普遍"这个选择题的回答。

因此，可以说康德无意中引发了后来哲学史上的巨大变化，而我们也可以将它看作康德在哲学史上掀起的又一场哥白尼革命。[①]

"有生命"与"美"

康德为何要在论述有机体（自然目的之物）时引入上帝知性这个概念呢？其原因是当我们面对有机体的精密结构和功能时，只能公设一个智性的设计者，哪怕只是假设性的。例如，鸟有着适应空中飞行的骨骼和中空的骨头，还有便于运动和调节方向的翅膀和尾巴。

[①] 这一转折随着一个名为"绝对体系"的新体系概念的发现而完成。一般意义上的体系是由思维主体被动构建的某种东西，而与之相反，谢林和黑格尔提出的绝对体系，是体系本身取代思维主体成为主体的体系，是体系作为主体自我建构自身内容的体系。在通俗意义上的体系中，主体与体系或形式与内容是相互分离的或者是外在的关系。而在绝对体系中，两者是相同的或者主体的运动逐渐被体系的运动所取代、湮灭。关于这一点，参见 J.-F. Marquet, "Système et sujet chez Hegel et Schelling"（1968），同上，第 153—164 页。

如果我们只把鸟的这种结构和器官看作是盲目机械因果性的产物，那我们只能将其判断为不可思议的或纯属巧合的现象。在科学性地解开这种生命现象之谜的过程中，人类知性必须引入目的因果性，哪怕只是将其作为一个规制原理。而这种目的因果性间接地指向一个赋予有机体以统一性的智性的设计者。

康德认为，以生命世界所暗示的这样一个智性的设计者为依据，可以证明上帝的存在。因此，生命体所要求的目的论判断的原理，一方面为科学探索服务，另一方面又为宗教信仰和道德实践服务。然而，同生命体一样，有一样东西也扮演着这种中间角色，它就是美的形式。当自然界以美的姿态出现时，它会引起我们的惊叹，这种惊叹不亚于我们在感受到生命感时所发出的惊叹。而当我们看到这样一个令人惊叹的现象时，我们不禁要问：它背后是否隐藏着一个智性的设计者。

对这个智性的设计者进行假设可以起到双重作用，它既可以作为科学发现的指南，也可以作为宗教信仰的依据。与"有生命"一样，"美"也可以成为连接理论和实践的纽带。

因此，这里让我们重新总结一下"有生命"与"美"之间的关系，也相当于回顾一下目的论判断和趣味判断之间的关系。

事实上，在《判断力批判》中，康德以对美的讨论开启了后半部的论述，而他这样做的用意在于提醒我们：《判断力批判》前半部的主题——"美"与后半部的主题——"有生命"有着密切的联系。

正如前文所着重强调的那样，美使对其进行判断的主体心灵富有生命，它通过引发诸认识能力之间的自由游戏从而"加强和维持诸内心力量（《判断力批判》§61）"。审美判断的愉悦就来源于从内在感受到这种活力。

《判断力批判》上半部趣味判断分析的重点是心灵中产生的这种生命感，而下半部目的论判断分析的重点却不再是心灵的而是自然界的生命感。《判断力批判》上、下两部分别讨论了心理学上的生命现象和生物学上的生命现象，从而实现了内容上的连贯性。

心理学上的生命现象以心灵之中的主观合目的性（共通感）为原理，而生物学上的生命现象则以自然界内部的客观合目的性（自然目的之物）为原理。而就像前文所指出的那样，前者似乎是后者的支撑，它加强了后者的有效性。这是因为趣味判断以美的形式（无目的的合目的性）为对象，而美的形式则给人一种这样的印象：其背后隐藏着某种隐晦的意图或智性的设计者。

几何图形的美与合目的性

然而，《判断力批判》下半部开篇提到的美并不是自然界的美，而是像圆一样有着完美形态的几何图形。几何图形有时被认为是美的，有时它们也同有机体一样似乎具有客观合目的性。正因如此，在西方毕达哥拉斯—柏拉图传统中，几何图形一直是人们惊叹的对象。

由于同时兼具美与合目的性，几何图形因而看上去似乎非常适合作为联结《判断力批判》上半部与下半部的纽带。然而，这只不过是看上去而已。在康德看来，与其说几何图形是美的，倒不如说它是完善的，它虽具有合目的性，但它的合目的性与有机体的合目的性截然不同。

首先，让我们从美的角度来分析一下几何图形。的确，像圆形这样的图形因为极具魅力而足以成为人们惊叹的对象，然而，它的魅力与自然界之美所散发的魅力有所不同。它的魅力是一种怎样的魅力呢？即在解决理论探索或工程设计中的各种问题方面具有有用性。

几何图形反复为复杂的数学问题和技术制作提供清晰可见的解决方案，每次通过运用几何图形得到问题的答案时，我们都会惊叹"真理是美的"。然而，这种惊叹只不过是一种感动，一种对几何图形在解决问题时显示出完美的适应性这一事实的感动，而这里的"美"也是一个被误用的形容词，它被错误地用来修饰这种实用性意义的完整性。

既然如此，那么几何图形所展示的合目的性是一种怎样的合目的性呢？这里的问题在于空间形式的合目的性结构。但在康德看来，几何图形源于我们的意识，先验空间以感性直观的形式内在于我们的意识之中，而以这样或那样的方式对先验空间进行特化的，就是几何图形。

这与柏拉图的观点完全不同。对于柏拉图而言，圆这样的图形是纯粹的概念实在，它独立于意识而自在，而这个概念实在是揭示经验世界的结构的理想形式。

然而对于康德而言，没有意识，任何空间性的东西都无法存在，一切空间性的东西都源于感性直观形式。

对于人类精神而言，几何图形是能够独立于经验而被感知到的某种东西，这是因为它所类型化的空间是先验的。由此可见，几何图形展示的合目的性与有机体展示的合目的性是不同种类的。

诸如圆这样的图形，其合目的性是"形式上的"合目的性。就这一点而言，它与有机体展示的"质料上的"合目的性不同。并且，它不是可以在意识之外的自然界中找到的合目的性，而是必须在意识中去寻找的合目的性，在这一点上，它也有别于有机体所展示的合目的性。

作为单一有机体的自然

康德通过引入几何图形将（客观）合目的性分为形式的和质料的，之后又将质料的合目的性分为"外在的"和"内在的"。前文提到的人工制品或（河流、植物等）自然现象之间的手段—目的的关系就是表现外在合目的性的实例。

与外在合目的性相反，内在合目的性只能在有生命的有机体（自然目的之物）之中被发现。而在这里，被发现的内在合目的性甚至还被赋予了一个修饰词——"绝对的"。这是因为外在合目的性只是一种相对的或偶然的关系，而有机体所表现出来的内在合目的性却隐含着某种必然的关系。

在详细分析了表现内在合目的性的个别有机体的特征之后，康德提议将整个自然视为一个单一的有机体。而若接受这个提议，我们就必须假定：就像在个别有机体中一样，在整个自然界中也存在着一个单一目的。

既然如此，那么赋予自然界以统一性的目的从何而来呢？康德通过这个问题将视线延伸到了上帝身上。即，如果自然界中隐藏着某种目的或计划，那就必须悬设一个上帝来作为该计划的设计者，也就相当于要求把整个自然界视为上帝的作品。然而，一旦将整个自然界看作上帝的作品，那么康德的论述就会出现几个内在矛盾。

将自然视为上帝的作品，其问题在于合目的性关系被一般化，而这就会导致某种颠倒的发生。最初被评判为偶然的、任意的外在合目的性关系，比如（携带沉积物的）河流与（将沉积物作为养料的）植物之间的关系将会变为某种必然的内在合目的性。

但与之相比，更大的问题则是赋予自然统一性的内在目的将被颠倒为外在目的。这样一来，将自然整合为一体的目的将不再在自然内部中，而是来自创造自然的上帝。因此，整个自然将不再是具有内在目的的有机体，而是变成了根据外在目的的原则生产出来的人工制品的类似物。①

将整个自然视为一个具有内在目的的单一有机体（"目的系统"），就相当于将其视为一个本身自足的、自我调节的，因而也是完全自律的整体。如果我们将自然视为这样一个自律的整体，那我们自然就不能将其视为上帝的作品，这样一来，从物活论的角度来看待自然反而显得更为合理。

然而，康德却对物活论进行了猛烈批判。因为他认为，如果我们承认物活论的主张是事实，那么我们就必须否定与当代科学密切相关的机械论。但他已经明确指出，就知性领域而言，机械论是不可否定的。因此从康德的观点来看，物活论并不是科学的观点，只是独断的形而上学。也就是说，它只是一门伪科学，它看似主张对于超越感性直观的物自体而言理论知识

① 参见 Robert Wicks, *Kant on Judgment* (London: Routledge, 2007)，第 208—209 页，第 219—210 页，第 237—238 页。

是可能的。

可对于康德而言，有机论不能与理论知识处于同一水平，它应该仅限于作为一种假设理念（虚拟语气"as if"的问题）远远地对理论探究进行指导或规制，同时他也希望这个假设理念能够朝着弥合理论与实践、存在与当为之间的鸿沟的方向发展。这就是为什么康德排斥与有机论更具亲和性的物活论，反而拥护似乎与有机论相矛盾的有神论。

自然的最终目的——文化的人

如果作为单一有机体的整个自然构成一个统一的系统，那么这个系统的组织中心在哪里呢？在基督教传统中，人是创造世界的中心，上帝创造自然是为了将其赠予人。

正因如此，西方哲学家尤其是笛卡尔，常常把人称为"自然界的主人和支配者"。康德的自然哲学同样基于这一思想，他主张人是自然的主人，是创造的"最后目的（letzteZweck）"和"终极目的（Endzweck）"。

那创造的最后目的是什么？终极目的又是什么

呢？这两个相似且容易混淆的术语，分别对应着人类本质的却又截然不同的两种素质。

首先，我们要问：为什么人能够成为自然的主人？其原因在于人能够独立于自然而存在并超越自然。那么，人凌驾于自然之上的能力是什么呢？

笛卡尔等哲学家认为，这个能力就是科学探究的能力。只有依靠科学进步，人才能够成为自然的支配者。然而，康德认为，其原因并不在科学，而在科学之外的两个领域：一个是文化，另一个是道德。他认为，人之所以能够成为自然的主人，是因为他们具备文化力量与道德力量。

因此，康德将作为文化的存在者的人定义为创造的最后目的，将作为道德的存在者的人定义为创造的终极目的。他主张，上帝创造人，是为了建立一个位于自然之彼岸的文化世界，并最终建立一个理想的道德世界。

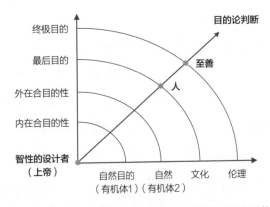

康德将目的论判断的契机分为四种并各自分析了它们的特点，同时他也试图证明自然秩序与道德秩序统一的可能性（至善）。

既然如此，那么作为创造的最后目的，人所具备的文化素质是什么呢？它就是建立并执行高级目标的能力，及树立计划并找到恰当的手段来实现预期目标的能力。

康德称这种能力为"适应性（Tauglichkeit）"，通俗地翻译，就是计划（planing）或设计（design）的能力。即能够计划自然界所没有的目标并设计出一个超越自然秩序的领域。对于康德而言，文化源于人所固有的对这种"目的—手段"关系脉络进行理解和设计的能力。①

随着文化的发展，人从自然状态到公民社会、最终到达和平的世界公民社会的过程，以及人类审美感受性不断提高、科学不断进步的过程，都与人类对这种计划和设计的能力进行扩展的过程如出一辙。

自然的终极目的——道德的人

人具备一种特殊的能力，即可以自由地建立不从

---

① "他作为地球上惟一的具有知性，因而具有自己给自己建立任意目的的能力的存在者，虽然号称自然的主人……他按照其使命来说是自然的最后目的；但是永远只是在这样一个条件下，即他理解到这一点，并具有给自然和他自己提供出这样一个目的关系来的意志，这种目的关系将能独立于自然界而本身自足，因而能够是一个终极目的，但这个终极目的根本不必到自然中去寻找它……即这种适应性的主观条件：一般来说能为自己建立目的并（在他规定目的时不依赖于自然）适合着他的一般自由目的的准则而把自然用作手段，这是自然关于外在于它的终极目的所能够做到的，因而这件事就能被看作自然的最后目的。一个有理性的存在者一般地对任意目的的（因而是对其自由的）这种适应性的产生过程，就是文化。所以，只有文化才可以使我们有理由考虑到人类而归之于自然的最后目的。"——《判断力批判》§83；参见［德］康德，《判断力批判》，邓晓芒译、杨祖陶校，北京：人民出版社，2002，第286—287页。

属于自然的目的，并能够通过利用从属于自然的手段来实现这些目的。在康德看来，通过这样的人在动物王国中打开文化这个新领域，这就是创造的目的论意义之所在。

不过，如果这个文化世界是自然存在的最后一个目的，并且如果打开这个文化世界的人是创造的最后目的，那么我们就可以这样发问：

文化世界最终完善于何处呢？作为文化主体，人所指向的最高目的是什么呢？康德认为，这个终极目的就是人作为道德主体重生并在大地上展开理想的伦理道德。

正如我们在前面第二章《实践理性批判》中所看到的那样，对于康德而言，道德的人具备几个特点。首先，他自己根据自己所建立的道德法则（定言命令）行动，这里很重要的一点是，这个法则是无条件的。

文化的人建立一个特定目的，并寻找适合这个目的的手段来实现它；相反，道德的人则制定一个超越一切目的—手段关系的、因而不受任何其他目的制约的法则。而这就是为什么道德的人是创造的终极目的。

作为一个无制约的立法主体，道德的人相当于文化的人所设计的目的论秩序的顶点。道德的人是使这个世界上所有目的链条完整建立的最高目的，从这个意义上来说，他是自然的终极目的。

现在，对于作为一个道德的存在者的人（同样，对于世上任何有理性的存在者），我们就不能再问：他是为了什么而实存的……人对于创造来说就是终极目的，因为没有这个终极目的，相互从属的目的链条就不会完整地建立起来；而只有在人之中，但也是在这个仅仅作为道德主体的人之中，才能找到在目的上无条件的立法，因而只有这种立法才使人有能力成为终极目的，全部自然都是在目的论上从属于这个终极目的的。①

——《判断力批判》§84

---

① ［德］康德，《判断力批判》，邓晓芒译、杨祖陶校，北京：人民出版社，2002，第292页。

康德所说的道德的人不仅是无条件的立法者，同时也是悬设上帝的人。人为什么悬设上帝呢？

正如《实践理性批判》中的辩证法所说，这是因为那里存在着能够希望至善的可能性的条件。至善是一种理念，它指的是看似排他的道德秩序与自然秩序、德性与幸福按比例的统一。

这种至善理念指引着对道德进步的信念，而只有在预设了一个同时设计出自然王国和道德王国的创造者时，它才能成为可理解的。那么，这个创造者是怎样的神呢？在康德看来，他不是多元的而只能是唯一的。

之前我们看到，康德的有机论与有神论是并行的，这种并行关系在两个方面得到了正当化。

首先，它填补了机械论观点的不足。如果仅仅依靠机械性因果关系，那生命体就是一个难以解开的奥秘。康德认为，为了揭开生命体的奥秘，只能假定其背后隐藏着一个智性设计者的意图。

其次，它始于对物活论的敌对。作为一种独断的形而上学，物活论与近代科学势不两立。康德认为，如果有一个可以与机械论两立的形而上学，那只能是有神论。

也就是说，不仅仅只是作为科学探究的启发性假设，同时为了系统地重构科学法则，也必须预设一个根据经济逻辑设计出自然的智性的设计者。康德将这个建立在经验科学逻辑之上的神学称为"物理神学"，并且他主张，这种物理神学必须由"道德神学"来完善。

这是因为，虽然为了科学地探索有机现象，我们只能预设一个设计它的神圣存在者，然而我们并不能确切地说出这个神圣存在者到底是个怎样的神。对于物理神学无法规定的这个神圣存在者，只有在道德层面，尤其是在对至善理念的反思中，才能去完全地规定他。

在康德看来，至善理念所悬设的神圣存在者不能是划分并拥有不同的权能，同时又相互竞争的多神或多神论中的神。

由于至善意味着自然王国和目的王国的相互统一，

因此它以一个对这两个王国进行统一设计的上帝为前提。并且，作为这样一个统一法则的设计者，上帝只能是唯一的、全知、全能的神。

拯救陷入无意义中的自然

正如我们前面所看到的，《判断力批判》前半部的结尾部分强调了美与善的类比关系。对于艺术之美而言，只有在作为伦理价值的象征时，它才能够获得所有人的普遍赞同；而对于趣味判断而言，只有在审美情感和道德情感统一的情况下，它才能够获得永久稳定的形式。因此，康德得出这样一个结论：

> 对于建立趣味的真正入门就是发展道德理念和培养道德情感。
>
> ——《判断力批判》§60

和前半部一样，《判断力批判》后半部的结尾部分仍然围绕着统一的问题进行了讨论。不过这一次，他讨论的不是艺术与道德的统一，而是自然与伦理的统一。

康德通过回溯如何定义符合至善理念的上帝这个问题，论证了自然与伦理统一的可能性。可以说，这一幕代表着在《纯粹理性批判》中覆灭的神学又重新复活。

在第一批判《纯粹理性批判》中，康德将理论哲学从神学中解放出来，从而带来了一个伟大的历史转折。然而，在第二批判《实践理性批判》和第三批判《判断力批判》中，神学却宣告复活，并且将实践哲学、艺术哲学以及理论哲学都笼罩在其浓重的阴影之下。

对于康德哲学中神学的这种死而复生，我们可以从否定的角度来对其进行批判。即我们可以这样认为：哲学似乎在一段时间内摆脱了神学而得以自立，但之后好像又不得不依赖于神学。

然而，这个死而复生的神学已经不再是凌驾于近代学问的神学，而仅仅是为适应近代学问而经过改造之后的神学。

这个神学不再是居于文化中心的学问，而只是一门被排挤到文化边缘，在近代文化条件下失去了其实质的学问而已。现在神学成了一个影子，在试图从这个世界中寻找意义的反思主体的自我定位中，成了一个像幽灵一样时隐时现的影子。然而，对于因近代科学而荒芜的自然来说，这个影子就是一片如同绿洲般的存在。

事实上，对古代人而言，自然是生命的镜子，生命的智慧在于顺应自然。柏拉图和亚里士多德将自然描绘成一个令人无限惊叹的对象，并且认为学问和艺术起源于对自然的模仿。

然而，随着十七世纪以后笛卡尔机械论的普及，自然沦落为一个按照盲目的因果法则运行的惰性的物质世界。面对这样一个世界，追问生命的目的或意义变得愚蠢。

自然之高深是人类所无法估测的，然而这样一个自然却变成了一个如同几何空间般的均质平面，并从此陷入沉默。被理论视线置于解剖台上的自然沦为了一具尸体，无论如何向它追问人类应该如何生活，人类应该做什么，它都不会给予我们任何回应。在《思想录》中，面对着失去一切声音的宇宙，帕斯卡尔颤抖地说："这些无限空间的永恒沉默使我恐惧。"

阅读康德的《判断力批判》，尤其是后半部的目的论判断分析，必须结合近代人的这种经验。自然因近代科学而陷入了无意义的沉默，《判断力批判》正是源于为拯救陷入沉默的自然所付诸的努力。即这一著作试图在一切价值都消失的自然中重新找到谈论意义和目的的可能性。

然而，更准确地说，需要拯救的并不是自然，而是人类。帕斯卡尔在荒芜的自然面前所感受到的恐惧来自虚无主义的危险性。将人类从盲目的物理法则所带来的虚无主义中拯救出来，这可能才是康德对目的论判断的必要性进行正当化论证并为此让神学复活的最终原因。

如前所述，康德在人类所具有的区别于动物的固有素质中找到了整个人类文化的起源，这个素质无他，正是计划能力。建立一个自然自己无法实现的目的，找到可以实现这个目的的恰当手段并设计阶段性流程，最后按照流程来执行，这些就是一切文化成果背后所进行的活动。

然而，这种为取得文化成果而进行的活动与生产意义的活动相同。所谓文化的世界就是意义的世界，这个意义不是存在于自然之中的意义，而是由人类自由计划的能力生产出来的意义。因此，没有必要因大自然变成一片毫无意义的沙漠而感到恐惧，因为这片毫无意义的沙漠将会因人类的文化活动而再次变为绿洲。

不要在自然中寻找意义，而要在人类的文化活动，即在自然彼岸建立目的并设计流程的这个活动中去寻找，这就是康德为反抗近代科学所导致的虚无主义所指出的道路。

然而，在康德看来，如果说有什么东西能够为人类的一切文化活动赋予最后目的和方向，那就是被概括为至善理念的伦理价值，并且这个伦理价值呼唤一个全知全能且唯一的上帝。

如果说对道德生活中所需要的这个唯一上帝的反思就是近代历史条件下死而复生的神学，那么这个神学就是浇灌人类一切意义生产活动的第一眼泉水。而这就是我们可以将康德的道德神学比作沙漠中的绿洲的原因所在。

朝着历史哲学

在这里，让我们再次回顾一下康德在《判断力批判》后半部讨论目的论判断的意图。正如刚才所说，其最终意图是复原因近代科学而消失的价值领域。

然而，这种价值的复原，始于恢复被机械论抹杀的生命体的意义的工作，终于对历史哲学的基奠工作。因此，康德的著作被评价为近代有机哲学的基石和近代历史哲学的基础。

康德所处的时代是近代生物学的萌芽时期。在十七世纪至十八世纪初以前，一切生命现象都被认为是可以用机械因果性来解释的，所以这一时期的生物学尚未被认定为一门"常规科学"①。

之后到了十八世纪末至十九世纪初，随着林奈和伽伐尼等科学家取得了几项重要的生物学发现，对无法用机械论解释的有机体的内在逻辑进行正当化论证变得必要。

在这一点上，我们首先要关注的哲学家是赫尔德。他对当时的生物学有所涉猎，因而提出了基于有机论的历史哲学，可以说在历史哲学领域，他的影响力比被称为近代历史哲学鼻祖的维柯还要深远。1790年康德出版了《判断力批判》，而在更早的1774年，赫尔德就已经出版了《关于人类教育的另一种历史哲学》，并在当时引起一番轰动。

---

① 常规科学（normal science）：托马斯·库恩在《科学革命的结构》中提出的概念，是指以当代的学术规范和科学成果为牢固基础的研究活动。

赫尔德不仅以物活论的形而上学为基础，将整个宇宙视为一个有机体，还系统地论述了植物世界、动物世界、人类世界以及最后的国家和历史的世界是如何在矿物世界中开启的。1784 年，他又通过《人类历史哲学观念》一书，阐述了一种比之前更为细致、复杂的历史哲学。

在撰写《判断力批判》之前，康德发表过一篇针对赫尔德著作的评论文章，之后受到该著作的启发，他又撰写了一篇关于历史哲学的论文。在阅读《判断力批判》后半部时，我们必须考虑康德与赫尔德之间的这种联系。一方面，康德接受并借鉴了他所处的那个时代的生物学发现；另一方面，在试图寻找历史哲学的基本原理这一点上，又受到了他的学生赫尔德的极大影响①。

————————

① 作为康德的学生，赫尔德认真听讲并记录下了康德的讲义。对于这样一位弟子，康德也非常赏识他的才华，并对其寄予了无限的信任与厚望。甚至现存下来的康德早期讲义就是基于赫尔德的课堂笔记整理而成的。三十岁以后，赫尔德因在学院竞赛中获得学术奖而声名鹊起，此后他撰写了多部著作，阐述并发展了自己的思想。

只不过，康德反对赫尔德所拥护的物活论，提出了可以与机械论相容的有机论。除此之外，康德早期关于历史哲学的论文也具有浓厚的反驳赫尔德历史哲学的性质。可以说，他的历史哲学的目的论原理正是萌芽于他与赫尔德的争论之中，而《判断力批判》的后半部就是为了从哲学上对这个萌芽的目的论原理进行正当化论证而撰写的。[①]

在十七世纪科学革命时代，指引哲学的主要问题是"什么是知"。而到了十八世纪，英国工业革命和法国市民革命引发了诸多社会变革，最重要的哲学问题变成了国家。"我们未来应该生活在一个什么样的国家？""我们可以梦想一个什么样的共同体？"可以说，政治经济秩序动荡的十八世纪是一个寻找"广场"的时代。

包括卢梭在内的当时的启蒙主义者都致力于提出

[①] 与康德历史哲学有关的著作可参阅康德的《历史哲学》（李汉龟编译，曙光社，2009）及《永久和平论》（李汉龟译，曙光社，2009）。

支撑民主主义的基本理论。而在康德及其以后的历史哲学中，历史的目的同样在于理想国家。此时，国家指的是一种能够最理想地实现个人所具有的一切才能的秩序。

在康德的历史哲学中，这种理想国家是作为隐藏在自然中的计划的一部分而建立起来的。自然将构成国家基础的法律秩序作为自己的目的隐藏起来，历史就是这些被隐藏起来的意图逐渐被实现的过程。那它是如何实现的呢？

亚当·斯密看到，每一个个人都为自己的利益而相互竞争的市场，并非非理性、盲目冲突的场所。事实恰恰相反，"看不见的手"合理地调节个人之间的供求关系，并将市场转化为互利共赢的秩序场域。

类似地，康德也看到，个人不考虑他人只追求自己的利益，反而促进了尊重彼此权利的法律秩序的建立。

正是个人的反社会倾向以及由此引发的个人之间的冲突，才使得他们相互竞争并不断努力开发自己的才能，并最终产生互惠互利的结果。康德将这种悖论式的历史实现原理称为"反社会的社会性（nonsocial sociability）"。

然而，历史并不止步于从自然状态发展为由法律秩序构成的国家。它还将超越国家阶段，最终走向世界公民性的国际秩序。这是因为，即使一个国家是完美的，只要它不消除自己与邻国的矛盾，那它就始终有生灵涂炭的可能。

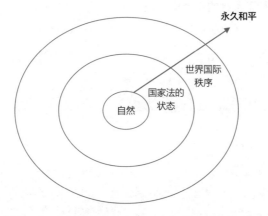

康德认为，历史进程的起点是自然，历史是由自然→法的状态（国家）→国际秩序（世界）的过程。

在《永久和平论》（1795）一文中，作为这种历史进程的最后阶段，康德讨论了实现这种世界范围内的永久和平所需要的条件——制定国际法和建立国际法庭。他认为，虽然建设一个世界国家是最佳方案，但它事实上是不可能的，因此，为了和平的国际秩序，必须设立一个能够解决国家间争端的国际法庭。

这一理念也成为当今联合国的实质原型。康德的《判断力批判》后半部对这种历史的合目的性及其原理进行了系统的正当化论证。

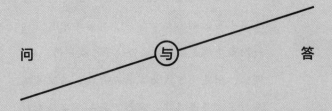

问 与 答

**西方思想史是如何在存在
论领域展开的?**

西方思想史的进程可以看作是对心灵和
自然的理解不断变化的过程。心灵是一个终
极问题,与人类有关的一切问题都从这里出
发,并最终又汇集在这里。而自然则是最后
一个问题,对外部环境的一切探索都从这里
开始,并最终又回归到这里。然而,从存在
论领域上来看,西方思想史其实可以重组为
一部对神圣之物进行理解的历史。

神圣之物的历史是从亚里士多德的"不

动的动者（Unmoved Mover）"出发的。在亚里士多德的自然哲学中，自然界中存在的一切事物都是按照目的论的等级秩序运动的。例如，树是为了成为家具而存在，而家具则是为了房屋而存在。同样，每一个事物都服务于更高层次的事物，都是为了更高层次的目的生成与毁灭的。

既然如此，那么我们就可以想象一个终极目的，它位于目的论的等级秩序的终端并导致了自然的一切生成与毁灭。这就是亚里士多德所说的上帝。上帝是导致一切事物运动的原因，然而他自己却是不运动的。因为不存在任何比他本身更高的目的。亚里士多德所说的这个上帝，虽然使世界上的一切事物不断地运动，但他自己却不被其他任何事物推动，即使被推动那也是被他自己推动，因此他是一个"不动的动者"。

用康德的术语来翻译这个上帝的话，那

就是"无制约者（the in-conditioned）"。所谓无制约者，顾名思义就是不受除自己以外的其他任何条件的制约而存在的东西。被制约者总是因与其他某种事物相关联而存在；而无制约者却是存在于某种纯粹的自我关系中的同时又与其他一切事物相关联。其他一切事物只能因与这个无制约者相关联而存在或者才获得可规定的意义。

中世纪的经院哲学（scholaticism）积极吸收了亚里士多德的"不动的动者"这个概念，并以此来证明上帝的存在或解释上帝的本性。然而，在最早开启近代哲学大门的哲学家笛卡尔那里，有一个不同于上帝的东西上升到了"不动的动者"这一地位。那就是自我意识，它被证明是对象意识的条件。意识总是依赖于对象，从这个意义上来说，意识是对象意识，而一切对象意识都只有在依赖于处于纯粹的自我关系中的自我意识时，才能成为可能。在笛卡尔、康德、德国观念论以及二十世纪的现象学和存在主义等我思哲学中，自我意识是解释一切意识现象的生成与毁灭的终极原理。

然而，对于与笛卡尔年代相近的哲学家斯宾诺莎而言，这个上升到"不动的动者"地位的是自然。他认为，虽然自然界中的一切事物都依赖于自身之外的其他原因而存在，但只有整个自然界本身是以其自身为原因而存在的。到了斯宾诺莎这里，存在于纯粹的自我关系中并导致自己之外的其他一切事物的生成与毁灭的，不再是作为自我意识的自我，而是作为自我原因的自然。

作为十九世纪德国浪漫主义时代的自然哲学，这种自因的自然概念被二十世纪的柏格森、怀特黑德、德勒兹的自然哲学所继承。如果说在笛卡尔哲学传统中，神圣之物是自我意识，那么在斯宾诺莎哲学传统中，神圣之物则是自然。

然而，在纯粹的自我关系中散发着神圣气息的，对于卢梭和康德而言又有所不同，变成了自由。这个自由被概念化为意味着自我立法的自律（autonomy）。也就是说，到了卢梭和康德这里，无制约的既不是自我意识的自我，也不是自因的自然，而是作为自律的自由。

对于康德的自由概念，必须在始于亚里士多德的无制约的自我的历史，即"自我（auto）"[①] 的历史中来理解。过去西方一直将神圣之物理解为某种存在论意义上的自律，而到了康德那里，这种存在论意义上的自律却转化成了实践意义上的自律，成为定义神圣、不可侵犯的自由的概念。

从神学的观点来看，无制约性也可以被

---

① 在希腊语中，"auto" 意为 "自我的，自动的，自行的"。——译者注

称为神性。对于西方哲学史，便可以从何处建立这个神性的角度来进行考察。比如，在康德之后，黑格尔将无制约性赋予一种被称为理念的逻辑生命，并将世间万物都视为这种理念所展现的自我规定和自我展开的产物。

在黑格尔之后，马克思又从资本中发现了无制约性。马克思所说的资本主义时代，就是一切社会秩序都在资本的自我最大化运动中生成与毁灭的时代。在这个时代，与自身呈非对称关系的资本处于无制约者的位置上，它为一切事件赋予动力和意义。

对于二十世纪的哲学家海德格尔来说，处于无制约者位置上的不是资本，而是技术。海德格尔在其后期著作中所说的技术时代，是指文明的秩序、意义及目的仅由技术创造的时代，不存在任何技术之外的世界的时代。

在海德格尔之后的福柯哲学，特别是在

他的谱系学中，权力取代技术登场。他认为，文明秩序的基本要素和结构是自我最大化运动中权力的产物。

对于当前我们所正在目睹的第四次工业革命，也需要从"自我（auto）"的历史中去加以理解。我们现在正进入一个万物自动化的时代，一个机械可以同有机体的各部分一样进行交互运行的时代，一个神圣的存在论意义上的自律在物质中得到具体体现的时代。可以说，这是一个自我运动、自我原因[1]、自我生产、自我规定、自我展开、自我立法和自我自律[2]的"自我（auto）"在通过物联网被广泛连接起来的事物中不断成长的时代。

而人工智能能否成为这个神圣的自我、即这个无法为人类所掌控的无制约的"自我（auto）"的名字呢？在不久的将来，我们将

---

① 即自因。——译者注
② 即前文所说的"再自律（heautonomy）"。——译者注

进入人工智能时代，面对这样一个即将到来的时代，我们有必要重新回顾一下"自身"的历史。这就是当下的我们必须阅读康德的原因所在。我们将不可避免地面临一个任务，即发现一种能够对抗人工智能的自我的思维形式及自由形式。面对这样一个任务，如果说有一位哲学家可以给予我们最大的勇气和启示，那他就是提出新的心灵模型的康德。

結　語

教授思考之法的伟大先师

与其说哲学教给我们知识，倒不如说它教给我们的是思考。为了强调这一点，康德区分了作为"知"的"哲学"和作为活动的"从事哲学"。事实上，关于什么是思考这个问题，很难找到一位哲学家能够像康德这样准确地并且从多个角度地来对其进行解释。当下的我们之所以必须阅读康德，归根结底就是这个原因。

在《纯粹理性批判》中，康德讲解了知性思考在具体直观的世界中自由展开的条件。只有当构成一个概念的诸要素或诸多不同的概念以相互关联的方式被精简为一个图式时，知性思考才算完成。思考有时就跟画图或制作图表一样。

除此之外，区分认识与思维的章节也很重要。在这一部分，超越理论思考的形而上学思维，即理性思维而非知性思考成为问题的关键。所谓理性思维，指的是对赋予整个知识世界一贯性的最终核心（理念）的思维。不过，一旦我们开始试图从概念上去把握这个核心，那么它就会变成一个产生悖论的无解之谜。

《实践理性批判》告诉我们，有时我们必须停止思考。在道德实践和伦理行为的世界里，有一个事实是必须不假思索地无条件接受的，那就是道德法则和它所展现的自由。

康德的伦理思维试图努力地去理解隐藏在人类之中的奇异力量。这个力量就是良心的力量，它强大到可以使我们放弃巨大的权力、财产，甚至自己的生命。康德将这个良心定义为自我立法的意志，也就是自由。并且，他还通过赋予自由以崇高威力来对抗自然界的崇高。在他看来，即使是令我们感到虚无的浩瀚宇宙以及引发我们对死亡的恐惧的大自然的狂暴力量，在这种无解的自由力量面前也将变得不值一提。

在《判断力批判》中，有一节专门对规定性判断和反思性判断进行了区分。在这一部分，到达概念的思考，而非从概念出发的思考，即创造规则的思考，而非运用规则的思考，被视作问题。这种创造性思考的逻辑，一方面作为审美想象力的源泉，另一方面则作为目的设计或未来规划的源泉而被揭示出来。

此时，审美想象力中不仅隐藏着诸认识能力各自发挥其最大力量的可能性，还隐藏着诸认识能力以新面貌重生的可能性。但这并非全部。康德意义上的审美想象力还包括从他人的角度、进而从人类的角度来反映自身经验的能力。正因如此，所以康德才把审美判断力的陶冶看作通往人性的陶冶、进而通往社会性的陶冶的捷径。与此不同，目的论判断力则着眼于一般文化的起源及其发展背后的驱动力。人类所取得的大部分文化成果，或多或少都源于人所特有的设计目的和规划未来的能力。

到此为止，我一直努力地将康德刻画成一位确立了近代哲学的同一性的哲学家，以及一位教授现代人以思考之法的伟大先师。而与此同时，我希望那些想要深入思考什么是思考的读者，能够反复阅读相关部分，以体味其中深意。

参考文献

康德

1. I. Kant, Kritik der reinenVernunft（1781/1787），科学院全集第 3/4 卷，Berlin：de Gruyter，1911。

2. I. Kant, GrudlegungzurMetaphysik der Sitten（1785），科学院全集第 4 卷，Berlin：de Gruyter，1911。

3. I. Kant, Kritik der praktischenVernunft（1788），科学院全集第 5 卷，Berlin：de Gruyter，1915。

4. I. Kant, Kritik der Urtheilskraft（1790），科学院全集第 5 卷，Berlin：de Gruyter，1915。

5. 伊曼纽尔·康德，白琼铉译，《纯粹理性批判》，Acanet，2006。

6. 伊曼纽尔·康德，白琼铉译，《道德形而上学的奠基》，Acanet，2005。

7. 伊曼纽尔·康德，白琮铉译，《实践理性批判》，Acanet，2004。

8. 伊曼纽尔·康德，白琮铉译，《判断力批判》，Acanet，2009。

9. 伊曼纽尔·康德，李汉龟编译，《历史哲学》，曙光社，2009。

10. 伊曼纽尔·康德，李汉龟译，《永久和平论》，曙光社，2008。

其他

1. Bernstein, J. M., The Fate of Art. Aesthetic Alienation from Kant to Derrida and Adorno, Cambridge: Polity Press, 1992.

2. Cassirer, E., Kant's Leben und Werke, Darmstadt: Wissenschaftliche Buchgesellschaft, 1975.

3. Cohen, H., KantsTheorie der Erfahrung, Berlin: Cassirer, 1918.

4. Derrida, J., Marges de la philosophie, Paris: Minuit, 1972.

5. Heidegger, H., Kant und das Problem der Metaphysik, Frankfurt am Main: V. Klostermann, 1973.

6.Kemal, S., Kant's Aesthetic Theory, London: Macmillan, 1992.

7. Lyotard, J.-F., Le ons sur l'analytique du sublime, Paris: Galilée, 1988.

8. Marquet, J.-F., Restitutions: études d'histoire de la philosophie allemande, Paris: J. Vrin, 2001.

9. Philonenko, A., études kantiennes, Paris: J. Vrin, 1982.

10. Wicks, R., Kant on Judgment, London: Routledge, 2007.

11. 金上焕,《近代世界观的形成》, Epiphany, 2018。

12. 金上焕,《金洙暎与〈论语〉》, Book Korea,

2018。

13. 백종현，《韩语康德词典》，Acanet，2019。

14. Gilles Deleuze，金上焕译，《差异与重复》，民音社，2004。

15. Gilles Deleuze，徐东煜译，《康德的批判哲学》，民音社，1995。

16. 弗里德里希·冯·席勒，安仁熙译，《审美教育书简：关于人类审美教育的席勒美学理论》，Human Art，2012。

17. 汉娜·阿伦特，金上焕译，《康德政治哲学讲义》，绿色森林，2002。

18. 黄璟植，《德性伦理的现代意义》，Acanet，2012。

哲学，探究人生的真正意义。

왜 칸트인가

版权登记号：01-2022-2759

图书在版编目（CIP）数据

头上的星空和心中的道德法则：康德哲学通识讲义 /
（韩）金上焕著；张恬译 .-- 北京：现代出版社，
2022.11
　ISBN 978-7-5143-9953-0

Ⅰ . ①头… Ⅱ . ①金… ②张… Ⅲ . ①康德 (Kant,
Immanuel 1724-1804) - 哲学思想 Ⅳ . ① B561.31

中国版本图书馆 CIP 数据核字（2022）第 163453 号

头上的星空和心中的道德法则：康德哲学通识讲义

著　　者　[韩] 金上焕
译　　者　张　恬
责任编辑　赵海燕　朱文婷
出版发行　现代出版社
通信地址　北京市安定门外安华里 504 号
邮政编码　100011
电　　话　010-64267325　64245264（传真）
网　　址　www.1980xd.com
印　　刷　三河市国英印务有限公司
开　　本　787mm×1092mm　1/32
印　　张　10
字　　数　132 千字
版　　次　2022 年 11 月第 1 版　2022 年 11 月第 1 次印刷
书　　号　ISBN 978-7-5143-9953-0
定　　价　52.00 元